KB219030

괘씸한 철학 번역

순수이성비판 길잡이

코디정

괴씸한 철학 번역

순수이성비판 길잡이

전면 개정판

코디정 지음

괴씸한 철학 번역

순수이성비판 길잡이

발행일 | 2025년 5월 8일 전면 개정판 1쇄 (2023년 9월 15일 초판 1쇄)

(지은이) 코디정 | (편집) 마담쿠, 코디정 | (디자인) 마하린 | (행정지원) 우섬결 | (펴낸곳) 이소노미아
(주소) 서울시 종로구 율곡로 2길7 서머셋팰리스 303호 | (이메일) h.ku@isonomiabook | (팩스) 02-568-
2502 | (펴낸이) 구명진 | 저작권 © 코디정 | 책과 저자에 관한 문의는 이메일로 부탁드립니다.

Frexa, 패씸한 오빈씨
구희선, 권선애, 권영선
김경미, 김기종, 김다솜
김동균, 김만석, 김봉석
김선봉, 김성중, 김성환
김승희, 김영식루코아빠
김영춘, 김용수, 김재열
김주선, 김주희, 김지연
김지영, 김진희, 김택훈
김학용, 김해연, 김현숙
김현우, 김현정, 김형근
나용창, 남기범
일상남선생 남윤준
노영숙, 도정현, 동동
려한, 류성룡, 무의식의 소리
문장천, 박대봉, 박정용
서효석, 성실하자 차희영
송동석, 송석인, 신우진
신혜연, 심민준, 안종갑
안태형, 안태호, 양윤복
오세협, 오세호, 오영수
오정현, 유보람, 유석환
유준희, 음성훈, 이경연
이남일, 이민주, 이소호
이영준, 이예뻐, 이윤승
이정호, 이행진, 이현우
이혜현, 이호윤, 장서현
장성훈, 정기엽, 정문조
정세린, 정승연, 정은혜
정의석, 제준제준, 조정
조항윤, 조현웅, 조혜선
준트리오파파, 지용일
지원지오 아빠, 최용석, 태우필
폴리매스 문해단 문어발쌤
한숙연, 허성엽, 홀수 이병혁
황서연, 황태진, 홋냥이

후원자 여러분의 응원 덕분에 이 책이 세상에 나왔습니다.
패씸한 철학 번역, 순수이성비판 길잡이가
후원자 님의 이름을 빛낼 수 있기를 진심으로 소망합니다.

우리에게 필요한 것은 철학 교사가 아니라

평범한 우리말입니다

목차

3장 순수이성비판의 경우 | 126쪽

4장 논리학에서 번역 문제 | 302쪽

저자가 독자에게

철학이 어려운 까닭은 출발선에 있지 않고 도착선에도 있지 않습니다. 철학자들이 어렵게 말했기 때문이 아니며, 철학 책을 읽어도 무슨 뜻인지 알지 못하는 독자의 문해력 탓도 아닙니다.

그저 번역이 어렵기 때문입니다. 특히 단어 탓입니다. 난해한 단어로 번역해서 얻는 게 무엇입니까? 난해병에 중독된 사람이 말합니다. "처음에는 원래 무슨 말인지 하나도 모르는 법이에요. 철학은 엄밀한 학문이어서 어쩔 수 없어요. 개념을 하나씩 외우고 계속 책을 읽고 강의를 듣고 공부하다 보면 이해됩니다." 독자는 학자라는 직업을 얻으려는 게 아니에요. 한 달이면 이해할 수 있는 지식을 얻겠다며 미로에 빠져서 평생을 낭비할 수 없지 않나요? 나는 이토록 살기 힘든 시절에 사람들이 철학 책을 읽는 것을 이해합니다. 그러나 철학 책을 덮는 것은 더 잘 이해가 됩니다.

'일본식 한자어'
40개만이라도 평범한 한국어로 바꿔 봅시다.

서양철학자들이 일본식 한자로 철학한 건 아니잖습니까?

사람들은 비판 정신을 권하지만 실제로 비판하면 그 비판을 불편하게 여깁니다. 도전 정신을 권장하더라도 본인의 지식이 도전받는 것은 거부합니다. 창의성이 필요하다고 말하지만, 본인은 관습의 편안함을 선호합니다. 그래서 나는 일본식 악습을 되풀이하는 우리나라의 철학 번역을 비판하고 도전하는 이 작업이 좀처럼 주류 철학계에 전해지지 않으리라는 점을 이해합니다. 이 책은 고작 단어 40개를 거론할 뿐입니다. 하지만 단어 하나를 바꾸는 것조차 외면당하겠지요. 익숙함을 바꾸는 일은 얼마나 어려운 일인가요? 이해합니다. 나는 이 나라 철학자들의 지식과 성과를 비판하거나 도전하지 않습니다. 평생에 걸쳐 정성껏 연구하셨겠지요. 하지만 우리말에 대한 그들의 무지와 무관심은 존중하지 않습니다. 출발 언어에 대해서는 누구보다 똑똑하신 분들이 도착 언어에 대해서는 누구보다 잘 모른다는 것, 생각해 보면 자연스러운 일입니다. 평범한 사람들과의 우리말 교제가 부족했기 때문입니다. 이 책은 그 부족분을 채우는 작업이기도 합니다.

지식은 단어로 보관됩니다. 그래서 모든 학문이 개념의 지식이 되는 것입니다. 우리의 소통도 단어로 이루어집니다. 소통이란 감정을 전하는 게 아니라 정리된 생각(즉, 지식)을 주고받는 것이기 때문입니다. 철학도 마찬가지입니다. 그러므로 난해한 단어 탓에 철학이 이해가 되지 않고, 단어를 바꾸는 것만으로도 철학에 대한 이해가 달라지는 게 특별한 현상이 아닙니다. 아무리 똑똑한 사람도, 제법 명망가의 지위를 얻은 지식인도, 어떤 단어의 의미를 의심하지 않으면, 그 단어의 굴레에서 벗어나지 못합니다. 이것이 인간 존재의 연약함입니다. 그러므로 우리에게 철학 교사가 필요한 게 아닙니다. 평범한 우리말 단어가 필요합니다. 보통의 언어라면 우리 스스로 고전의 지혜를 얻을 수 있습니다.

백수십 년 전 일본 학자들의 수고 덕분에 수많은 서양 문물이 한자어로 번역되었습니다. 그중 상당수는 평범한 한국어로 편입되었습니다. 하지만 여전히 한국인의 보통어로 편입되지 못한 채 철학 분야에 격리된 단어를 어째서 그대로 후손들에게 물려줄 생각입니까?

메이지 시대의 단어들이 서양 철학의 핵심을 제대로 이해한 번역어도 아니었습니다. 심각한 오류가 적지 않습니다. 그럼에도 한국인이 한국어로 철학을 하는 게 아니라, 오류가 은폐된 채 한글로 음역된 일본식 한자어로 철학을 공부하니 머릿속으로 지식이 들어올 리 없습니다. 설령 지식을 욱여넣더라도 제대로 정리되기 어렵습니다. 그런데 그 일본어라는 것도 일본어 회화 공부를 통해 쉽게 얻을 수 있는 평범한 일본어가 아니라, 백여 년 전에 인공적으로 발명된 낡은 단어여서 학문의 증진에도, 지식의 공유에도, 문화 교류와 상업 교역에도 쓸모가 없습니다. 그런 일본어에 묶여 있으면서도 '관례적으로' 공부하고 암기하고 있으니 얼마나 한심한 일입니까?

철학은 언어 활동입니다. 학자들이 영어로, 독일어로, 프랑스어로 철학 논문을 쓰는 일은 직업 활동이므로 아무래도 좋습니다. 그러나 한국인을 상대로 지식을 전하고 무엇인가를 가르치며 자기 생각을 표현한다면, 한국어를 사용해야 합니다. 적어도 과반수의 한국인이 알아들을 수 있는 단어를 사용하는 게 좋겠지요. 한자 지식이 좀 있다고 해서 옛 일본 스승들이 남긴 저작의 단어들을 음독해서 기계처럼 복제하는 일은 이제 그만두고, 평범한 한국인들이 어떤 언어를 사용하며, 어떤 언어 문화를 갖고 있고, 그 언어가 어떤 의미로 소통되는지 관심을 보여주십시오. 일본식 한자어에서 벗어나 한국식 한자어를 사용합시다. 만약 앞으로도, 지금까지 그래 왔던 것처럼, 철학의 중요한 핵심 개념을 일본어로 설명하는 관행을 지속한다면, 이 나라에서 철학의 미래는 없으리라 생각합니다. 자기 언어가 아닌 인문학은 사상누각에 불과합니다. 그러나 만약 철학자들이 일본어의 족쇄를 끊고 우리말 보통어로 철학하기 시작한다면, 그 한국어로 철학을 공부한 젊은 세대 중에서 틀림없이 인류의 존경을 받는 세계적인 사상가가 나타나리라 믿어 의심치 않습니다.

그런데 이런 희망을 일반론으로 얘기하거나 관행의 문제점을 비판하는 것만으로는 부족합니다. 우리는 그저 '좋은 얘기지', '그러면 좋지'라는 반응을 할 뿐, 결국 제자리에서 움직이지 않은 채 '어쩔 수 없는' 관행을 반복할 게 뻔하기 때문입니다. 나는 도돌이표의 굴레에서 해방되고 싶습니다. 그래서 한편으로는 단어 현실을 더 자세히 진단해 보고 싶었고, 다른 한편으로는 우리말 모범을 구체적으로 제시해 보고 싶었습니다. 그런 방법론이 〈단어 토폴로지〉입니다. 어떤 의미의 공간을 가정한다면, 단어마다 차지하는 위치가 다르다는 개념입니다. 단어의 의미는 사전에 등재된 표현에 의해 정해지는 게 아니라, 의사소통 세계에서 주고받는 실제 의미의 맥락에 의해 정해진다는 뜻이기도 합니다. 예를 들어 똑같은 의미여도 어떤 단어는 메시지 전달력이 낮고, 어떤 단어는 그 능력이 높습니다. 어떤 단어는 그 의미가 명확하게 나타나지만, 동의어라고 하는 다른 단어는 보충 설명이 더해져야만 의미가 분명해집니다. 이런 위치 분석이 우리에게 모범 답안을 주는 건 아닙니다. 그러나 적어도 우리에게 어떤 단어가 더 유용한지를 시사해 줍니다. 그러나 지난 초판에서 나는 의욕의 과잉으로 말미암아 단어의 의미상 위치를 4개의 위상으로 분석했습니다. 결과적으로 3차원 이상의 공간을 떠올리지 못하는 우리 인간에게는 너무 과한 분석이었다고 반성하면서, 전면 개정판에서는 2차원 평면으로 표현할 수 있도록 '난해'와 '오해' 두 가지 관점으로만 단어의 의미 위치를 분석했습니다. 독자들에게 문제점과 대안을 어떻게든 시각화하고 싶었기 때문입니다.

분석과 검증은 함께 이루어져야 합니다. 그리고 실제 철학 텍스트로 분석과 검증을 하는 게 좋겠지요. 대철학자 칸트의 대표작 〈순수이성비판〉의 용어들을 사용했습니다. 이 작업을 통해 밝혀지고, 밝혀졌습니다만, 칸트의 〈순수이성비판〉은 분량이 많아서 독자의 특별한 인내심이 필요하기는 해도, 본래 난해한 책은 아니었습니다. 누군가는 사전 지식이있어야만 이 책을 제대로 읽을 수 있다고 말합니다. 그러나 친절하게도, 지치지도 않으면서, 칸트가 자세히 반복 설명해 주기 때문에, 사전 지식이 없어도 이해하는 데 큰 어려움이 없었습니다. 21세기를 살아가는 우리들은 정말이지 역사상 가장 똑똑한 인류입니다. 지식의 양만을 단순히 감안한다면, 지구에 머물다 갔던 어떤 철학자보다 더 많은 지식을 이 시대의 독자들이 갖고 있으니, 18세기 저작을 읽기에 충분한 사전 지식을 우리가 이미 지니고 있는 셈입니다. 어려움은 칸트 철학 자체가 아니었습니다. 칸트 철학의 핵심 개념을 일본어 단어로 번역해서 설명한 한국어 문장이었습니다. 평범한 한국어였다면 그렇게나 고생스럽지는 않았을 것입니다.

칸트는 인간 머리의 권능으로서 sensitivity, understanding, reason 이라는 세 가지 요소를 제시했습니다. 서양 사람들이라면 철자 자체가 워낙 다른 이 세 가지의 단어를 구별하는 데 어려움이 없을 것이고, 설령 어려움이 있더라도 전문가의 조언을 조금 듣는 것만으로 이해할 수 있을 것입니다. 그러나 의미의 간격을 함부로 없애는 옛 일본 학자의 특별한 재주 탓에 이 나라에서는 '감성', '오성', '이성'으로 번역됐습니다. 그 결과 우리 한국인은 감성을 전혀 다른 의미의 감정emotion과 헷갈리게 됐으며, 오성과 이성의 차이가 무엇이며, 각각의 고유한 역할이 무엇인지 연상할 수 없게 되었습니다. 감성은 '감수성'입니다. 데이터를 머릿속으로 받아들이는 역할, 즉 '수용성'을 뜻합니다. '오성'은 요즘 '지성'이라는 단어로 교체되고 있지만, 생각을 담당하는 지능을 뜻하고, 그 실질은 '지식'입니다. 감수성으로부터 가져온 데이터에 개념을 적용하면, 즉 이름을 붙여주면 그것이 우리의 지식이 됩니다. 그런데 머리 안으로 들어온 데이터에 이름을 붙이는 것이 인간 머리에서 어떻게 가능하고, 어떤 과정을 통해 그런 일이 생겨나는지는 대충 상상하고 넘어갈 문제가 아닙니다. 칸트는 인간 머릿속에서 0.05초 사이에 벌어지는 일을 하나씩 하나씩 분석하고 해명합니다. 감수성에서 지식까지 하나의 과정을 거치는 일을 경험이라고 합니다.

그런데 인간의 머릿속에는 여러 가지 것이 있습니다. 경험 데이터도 있지만, 그 경험 데이터를 이쪽이냐 저쪽이냐로 잘 정리해 주는 인류 공통의 생각 형식도 있습니다. 그걸 '순수 개념'이라고 합니다. 각자의 경험을 넘어서, 즉 경험이 많든 적든, 경험과 무관하게 누구나 갖고 있기 때문에 '순수'라는 단어를 씁니다. 우리 머릿속 기억 보관소에는 실로 많은 경험 데이터가 있잖아요? 그러므로 우리는 우리의 머릿속을 검색하거나 탐색할 수 있습니다. 그래서 지금 생각에서 과거의 생각을 연결할 수 있고, 지금 여기에서 벗어나 다른 생각을 연결할 수도 있으며, 이 개념과 저 개념을 연결하는 것도 가능합니다. 이런 연결을 '추리reasoning'라 부릅니다. 그리고 추리(혹은 추론)를 하는 인간의 능력을 일컬어 이성reason이라고 합니다. 이성은 머릿속에서 그런 순수 개념들을 연결함으로써 신이니 영이니 영생이니 하는 생각조차 만들어 냅니다. 바로 이 순간, 형이상학의 탐구 대상이 해명됩니다. 그런데 이런 형이상학적인 생각, 즉 신이니 영이니 영생이니 하는 생각은 실제로는 경험할 수 없고 경험으로 검증할 수도 없으니, 참된 지식이라고 누가 확신할 수 있겠습니까? 이에 관해서 우리는 의견을 가질 수 있습니다. 그러나 진리라고 확신할 수는 없습니다. 확신할 수 없는 의견을 진리라고 부를 수는 없지 않겠습니까?

다시 말하면 알 수 없다는 겁니다. 인간 이성은 경험 데이터가 있어야만 진리를 탐구할 수 있지만, 경험 데이터가 있더라도 사물 그 자체는 알 수 없는 일이니, 이렇듯 진리 탐구에 관해서 인간 이성은 무기력합니다. 그렇다면 인간 이성은 알 수 없는 것을 아는 척할 게 아니라, 경험이 안전하게 보호해 주는 지식의 영역에서 활동을 하되, 그럼에도 어째서 이런 무기력한 이성이 인간에게 주어졌는지를 생각하면서, 이성의 사명이란 이론이 아닌 실천에 있음을 지각해야 합니다.

간단하게 순수이성비판을 요약해 봤습니다. 특별한 어려움 없이 순조롭지 않습니까? 단어만을 보통어로 바꿔봤을 뿐입니다.

오랜 세월 퇴적된 오류가 한순간 교정되기는 어렵겠지요. 언젠가 이 나라에서 세계적인 철학자들이 나타나 낡은 단어들을 청산해 주기를 희망합니다. 그런 희망을 위해서라도 우리 세대는 우리 세대의 할 일을 합시다.

이번 이 책의 전면 개정판에 '순수이성비판 길잡이'라는 부제를 새롭게 붙였습니다. 그리고 상당 분량의 내용을 추가했습니다. 저는 이 책에서 그저 마흔 개의 단어를 칸트의 생각과 우리말에 맞게 수정해 보았습니다. 저의 주장은 제가 제안한 단어들을 수용하라는 요구가 아닙니다. 그저 우리가 얼마나 잘못된 단어에 묶여 있었는지 그리고 우리가 얼마나 간단하게 그 족쇄를 끊어낼 수 있는지를 보여주고 싶었을 뿐입니다. 이 책을 읽으신 다음에 여러분 책장에서 오랜 세월 벌 받듯 서있는 〈순수이성비판〉을 꺼내보시기 바랍니다. 머릿속에서 단어를 바꿔 가면서 다시 읽어보시기 바랍니다. 그러면 단어뿐 아니라 문장조차 이해되기 시작할 것이고, 점차 칸트의 생각이 여러분 머릿속으로 스며들게 되리라 생각합니다.

단어를 바꾸는 것만으로도 독서가 달라집니다. 지금 우리에게 시급하게 필요한 것은 철학 교사가 아니라 평범한 우리말입니다.

괘씸한 철학 번역

1

다음 세대에게
족쇄를 물려주지 말자

철학, 철학에 대한 질문

서양의 학문으로서 철학philosophy이란 지혜에 대한 사랑이라고 한다. 그러나 막상 우리말로 번역된 철학책을 읽으면 어렵다. 너무 어려워서 도무지 무슨 말을 하려고 하는지 모를 때가 많다. 이런 한국인의 공통 체험에서 보자면, 지혜가 어려운 것인지 아니면 사랑이 어려운 것인지, 아무튼 철학은 어렵다. 만약 내가 인생에서 길을 잃었을 때, 만약 내가 결정하기 어려운 난해하고 복잡한 선택을 해야만 할 때, 그때 내가 어느 지혜로운 선생, 선배, 어른을 찾아가 조언을 구하고 도움을 청할 때, 그 선생, 선배, 어른이 도무지 무슨 말인지 알아들을 수 없는 이야기를 내게 한다면, 그들이 아무리 똑똑해도 나는 지혜를 얻을 수 없을 것이다. 이런 일이 반복되면 나는 더 이상 그 선생, 선배, 어른을 찾아가지 않을 것이다.

그러나 사실을 말하자면 다행히도, 철학의 지혜는 어렵지 않다. 설령 지혜를 실천하는 일이 어렵더라도, 적어도 알 아들을 수는 있다. 그렇지 않다면, 즉 지혜 자체가 특수 전 문가만이 해독할 수 있는 난수표 같은 것이라면, 서양 철 학은 벌써 사멸했을 것이다. 하지만 현실은 그렇지 않다. 사멸은커녕 서양 철학은 수천 년 동안 전승되면서 인류 의 정신을 더 높은 곳으로 인도했다. 심지어 과학 기술이 이토록 발전했고, 다양한 학문이 눈부시게 진화한 지금에 이르러서도 철학은 읽힌다. 지금도 누군가 고전 철학책을 열고 있을지도 모른다. 사랑은 어떨까? 설령 사랑을 표현 하고 유지하는 일이 어렵더라도, 적어도 내 사랑의 대상 을 알고, 마음속에서 애정을 품는 일은 누구에게나 쉬운 일이다. 그러나 알아듣지도 못할 지혜라면, 종교 혹은 종 교적인 믿음에서는 그런 대상조차 사랑하는 일이 쉬울지 몰라도, 철학에서는 어려운 일이다. 철학은 무지를 사랑 하는 학문이 아니기 때문이다.

글쎄, 철학과 무지의 어울림이란, 옛 신분 사회에서는 가 능했는지도 모르겠다. 항상 그랬던 것은 아니었겠지만, 신분이 높은 사람은 문화와 지식을 누릴 수 있었고, 신분 이 낮은 사람은 글 자체를 읽지 못했다. 일제 시대 조선에 서는 70%를 넘는 인구가 글을 읽을 줄 몰랐다. 그 무렵 일본을 통해 수입된 서양 철학은 당연히 극소수의 엘리트만이 접할 수 있었다. 당시 사람들은 철학 책을 읽어도 무슨 뜻인지 몰랐을 것이다. 그런데 문맹이 사라진 지금도 그다지 나아지지는 않은 것 같다. 철학이 극소수의 엘리트들의 고상한 놀이라면, '너무 어렵다'는 사실 그 자체가 '이너서클'을 유지할 수 있는 좋은 장벽이 될 수 있을지도 모르겠다. "한 단어 혹은 한 문장을 이해하는 데 수십 년의 세월이 걸렸지. 철학은 원래 그런 거야. 당신도 그런 시간을 쓰면서 노력하는 게 마땅하지 않겠어?"

그러나 철학은 그런 게 아니다. 인류에게 지혜를 가르친 스승들은 경계 없는 지혜를 가르쳤다. 누구에게나, 심지어 아이들에게도, 신분과 재산과 종교와 개인의 자질과도 무관하게, 모든 사람에게 이로운 가르침을 선물했다. 세상의 이치에, 혹은 인류가 가야할 길에 도저히 어울리지 못하는 이야기는 하지 않았다. 너무 어려운 이야기로 철학을 장식하려고 하지도 않았다. 그런 이야기였다면 후대에 전승되었을 리 없다. 그럼에도 우리는 철학책을 읽으면 무슨 말인지 모른다. 대체 철학이란 무엇인가?

어째서 우리는 한국어로 쓰여 있는데, 읽어도 무슨 말인지 모르는 것인가? 이런 언어 문제에 좀 더 가까이 다가가 보자. 우리 인간은 언어 활동을 한다. 언어 활동이란 무엇인가? 언어 활동은 생각, 사물, 세계의 윤곽을 제시하는 활동이다. 다시 말하면 언어 활동은 소통을 위해, 지식을 전하기 위해, 세상을 이해하기 위해 벌이는 활동이다. 의미가 정확하지 않아도 좋다. 언어 활동이라면 적어도 의미의 윤곽을 줘야 한다. 저마다 생각이 다르겠지만, 언어로 표현됐다면, 그 생각은 대충이라도 알아들을 수는 있어야 한다. 그런데 철학은 언어 활동이다. 특히 서양 철학은 더더욱 그러하다. 왜냐하면 생각은 언어로 표현된다, 혹은 언어로 표현되는 것이 생각이라는 전통 속에 서양 철학이 있기 때문이다. 따라서 철학은 생각, 사물, 세계의 실루엣을 제시하는 활동이다. 만약 철학이라는 이름으로 무엇인가를 표현했건만, 생각, 사물, 또는 세계의 윤곽을 제시하지 못한다면, 그것은 철학이 아니다. 의미가 정확하지 않아도 좋다. 적어도 의미의 윤곽을 줘야 한다. 저마다 생각이 다르겠지만, 철학이라면 대충이라도 알아들을 수는 있어야 한다. 그러나 한국어로 번역된 서양 철학은 **의미불명에 빠진다.** 그래 놓고서는 철학이라고 한다. 도대체 번역 과정에서 아니면 한국어에 무슨 사건이 있었길래, 한국어로 번역만 되면 철학이 종잡을 수 없는 학문이 되고 마는가? 어째서 철학책을 읽을 때마다 독자는 지혜를 구하기는커녕 자신의 문해력을 한탄해야 하는가? 이 책은 이런 질문에 대한 답변이다.

한편 나는 이런 얘기를 들었다. 철학은 개념의 학문인데, 한국어는 개념어가 없기 때문에 실패할 수밖에 없노라는 이야기다. 이 터무니없는 엉터리 견해야말로 무지를 가장 편안한 상태로 여기는 사람들의 생각이다. 이런 무지는 무시하면 그만이기는 해도, 상당수의 독자들이 아무런 잘못도 없이 이런 무지에 낚여 버리기 때문에, 두어 가지를 지적해 둔다.

첫째, 철학은 개념의 학문이라고 말해 놓고서는 정작 '개념'의 뜻을 모르는 사람들이 시끄러운 법이다. 논리학에서 가르치는 개념이란 그저 단어를 뜻한다. 의미를 갖는 단어라면, 그걸 일컬어 개념이라 한다. 그들의 주장에 따르면, 결국 한국어는 단어가 없는 언어라는 뜻이며, 의미를 전할 수 없는 언어라는 것인데, 초등학생도 이런 주장은 못한다. 아마도 개념의 의미를 뭔가 특별하고 고상한 뜻으로 잘못 생각하고 있다거나, 혹은 서양 철학의 주요 개념이 한자어로 번역된 탓에 한자어여야만 개념이 되는 것처럼 오해하기 때문인지도 모르겠다. 전자의 까닭이라면 개념의 의미에 대한 무지 탓이며, 후자의 이유라면 서양 철학의 우리말 번역 과정에서 일본의 번역을 거쳤기 때문이다.

둘째, 그들은 한국어를 한자가 배후에 없는 한글로만 제한한다. 한국어는 '한국인이' 사용하며, 한글로 '표기'되는 언어이다. 순우리말도 있고, 한자어도 있고, 기타 외래어도 있다. '생각'은 순우리말이고 한국어이다. smartphone은 영어이다. 그러나 '스마트폰'은 한국어이다. 明月은 한자이다. 그러나 밝은 달을 뜻하는 '명월'은 한국어이다. 요즘 젊은 세대들이 사용하는 낱말인 'オタク'와 'ツンデレ'는 일본어이다. 그러나 만약 한국인 사이에서 의미를 전하는 데 아무런 문제가 없다면(적어도 그 세대에서는 문제가 없다), '오타쿠'와 '츤데레'는 이미 한국어이다. 이처럼 우리 한국어는 수많은 말을 갖고 있으니, 부족하기는커녕 의미를 표현할 수 있는 풍부한 자질을 갖고 있는 언어이다. 철학 개념을 표현하는 데 아무런 어려움이 없다. 그저 옵션이 있을 뿐이다. 쉽게 표현할 것인가 아니면 어렵게 표현할 것인가, 의미를 전하고 싶은가 아니면 의미를 전하는 행위에 관심을 두지 않을 것인가의 옵션이다. 우리는 어느 쪽을 선택해야 하는가? 나는 이 땅의 철학에 묻는다.

어디까지가 한국어인가

사람의 피가 섞이는 일이 자연스럽고, 혈통이 인간의 정
체성에서 가장 중요한 요소가 아니게 된 이 시절에 한국
어의 혈통 구별은 그다지 중요한 것처럼 보이지 않는다.
한국 국적을 취득하면 백인이든 흑인이든 한국인이 되는
것처럼, 그저 한국 사람이 사용하는 언어라면 한국어이
다. 외래어든 고유어든 그 출신성분을 불문한다. 학생들
이 카페에 모여 나누는 대화 속에서, 직장인이 식사하면
서 혹은 술을 마시면서 주고받는 언어 속에서, 동네 사람
들의 이야기 속에서, 정치인들이나 시민활동가들이 청중
에게 호소하는 문장에서 평범하게 사용하는 단어, 그것이
우리 한국어이다.

버스, 택시, 카페, 패션, 인터넷은 외래어이다. 그러나 모
든 한국인이 사용하는 단어이며, 대체어도 없으니 완전한
한국어이다. 시스템, 데이터, 빌딩, 이미지, 비즈니스는 각

각 체계, 자료, 건물, 영상, 사업이라는 대체어가 있다. 한국인이 양쪽에서 어느 쪽을 더 일반적으로 사용하고 있는지, 어느 쪽이 의미를 전하는 데 더 유리한지는 잘 모르겠다. 이들 단어의 차이는 영어에서 기원했느냐 한자에서 기원했느냐의 차이일 뿐, 의미는 같다. 영어보다 한자에 친숙한 사람이 있고, 한자보다 영어에 친숙한 사람이 있다는 정도의 차이이기도 하다. 오십 년 전의 한국인보다 지금의 한국인이 일상 생활에서 더 많은 영어를 사용한다. 취학 전 연령에서 '어린 한국인들'이 영어를 공부하고, 보편화된 국제 교류 덕에 영어 사용이 익숙해졌다. 그럼에도 영어를 문자 그대로 사용하기보다는 한글 표기를 지키면서 외래어로 사용한다. 반면 지금의 한국인보다 오십 년 전의 한국인은 한자를 더 많이 알았을 것이다. 한자 사용은 지금의 영어보다 훨씬 광범위했다. 국한문 혼용의 시절이었기 때문이다. 백 년 전에는 한자투성이였고, 한글 표기도 이상했다. 한자 문화권에서 역사를 지속한 우리나라 고유의 언어 특징을 감안할 때 당연한 일이다. 그러나 지금 시대는, 적어도 표기에 관한 한, 한글 전용의 시대이다. 미래 우리말의 향방이 또 어떻게 바뀔지는 몰라도, 한글 표기의 원칙은 당분간 지속되리라 생각한다. 그러나 무엇을 한글로 표기할지에 대해서는 견해가 갈릴 것이다. 어떤 이는 예부터 전해진 – 대체로 일본식 – 한자어를 선호할 것이다. 또 어떤 이는 영어든 불어든 독일어든 원어를 한글로 표기하기를 좋아하고, 또 다른 이는 순우리말을 발굴하기 위해 애쓸 것이다. 나는 이런 견해의 차이를 논평하면서 어느 쪽이 더 바람직하다고 말하지는 못하겠다. 나는 단지 평범한 한국인이 사회 생활하면서 자기 의견을 표현하고 소통하는 데 사용하는 언어라면, 그 단어가 무엇이든 한국어라고 생각한다.

한국인이 평범하게 사용하는 언어가 한국어이다.

설령 오래전부터 존재한 대체 한자어가 있더라도, 한국인들이 일상생활에서 영어 단어를 더 자주 사용한다면, 그 영어 단어가 한국어이다. 사전에 등재된 단어가 있더라도 그 단어를 한국인이 전혀 사용하지 않고 그 뜻도 모른다면 그것을 어떻게 취급할 것인가? 한국인이 전혀 사용하지 않는 단어라면, 그 단어의 기원이 무엇이든 – 심지어 순우리말조차 – 한국어가 아니다. 옛 한국인의 조상들이 사용했던 혹은 이북에서 사용하는 조선어일 수는 있겠지만, 21세기 한반도에서 살고 있는 한국인의 언어는 아니다. 물론 국어학자가 그런 잊힌 단어도 우리말이라고 소개하면서 그 단어의 사용을 권장하는 것까지 반대할 생각은 없다. 어느 한 개인의 찬성과 반대에 의해 사람들의 언어습관이 달라지는 것도 아니다.

나는 앞서 우리말의 출신성분을 따지지 않기로 했으므로, 한자어의 경우 그게 일본에서 유래했든, 중국에서 기원했든, 조선인이 만든 것이든 문제 삼지 않는다. 만약 그런 단어들이 이미 사용되지 않는 단어라면, 굳이 그 기원을 따질 실익이 없다. 만약 그런 단어들이 평범하게 잘도 사용되고 있고, 의미의 왜곡도 없다면, 그것은 이미 한국어이므로 그 기원을 문제 삼아 '순화할' 이유도 필요도 없다. 직장인들의 모임에서 혹은 학생들의 수다에서 주고받는 단어를 감시하고 심사하며 참견할 권한이 누구에게도 없으니, 어쩔 수 없는 일이기도 하다. 철학과 이성, 공간과 시간, 객관과 주관 등, 수많은 철학 용어를 우리는 평범하게 사용한다. 의사소통에 아무런 문제가 없다. 그러므로 설령 이 단어들이 어느 일본인이 발명한 것일지라도 **이미 우리말이다**. 오랜 세월 동안 한국인의 검증이 끝난 단어이기도 하다. 어느 예민한 사람은 일본에서 유래된 단어를 무척 싫어할 수도 있고, 다른 대체어를 찾기 위해 그이가 노력할 수도 있겠지만, 사람들이 보통으로 사용하는 언어 습관에 개입하지는 못한다. 그이가 큰 권력을 지니고 있어서 일시적으로 사람들의 소통을 훼방 놓을 수 있을지는 몰라도, 의미에 잘못이 없고 그러므로 소통에 문제가 없는 사람들의 흔한 언어를, 이미 '한국어가 된 일본어'를 꾸짖어 봤자, 욕만 얻어먹을 일이다. 그러나 일본인이 만든 단어로, '질료'니 '실재'니 하는 단어들은 그 오랜 세월을, 여러 세대가 나고 진 긴 시간을 줬건만 '한국어가 되지 못한 일본어'이다. 평범한 한국인이 보통의 생활에서는 사용하지 않는다. 그렇다면 이는 한국어가 아니라 **여전히 일본어**이며, 단지 일본어 한자를 한글로 표기를 바꿨을 뿐이다. 이런 단어는 그만 사용해야 한다. 이유는 간단하다. 한국어가 아니어서 한국인에게 의미를 제대로 전하지 못하고, 소통과 지식 전달에 방해만 되기 때문이다. 언어로서 기능하지 못하는 언어를 학문의 권위로 고집하는 습관과 행동은 대체 누구를 위한 것일까? 학문을 위해서? 지난 백 년 동안 이 나라에서 이뤄낸 철학의 성과를 나는 모르겠다.

이런 문제에서는 생각이 두 갈래로 나뉜다. 첫 번째 갈랫길은 한국어의 어휘가 정말로 부족해서 한국인의 보통어에서는 철학 용어로 쓸 만한 단어가 없다는 생각이다. 두 번째는 학자들의 한국어 어휘력이 부족하거나 우리말에 관심이 없다는 생각이다. 나는 오랫동안 전자의 갈랫길에서 헤맸던 것 같다. 그러나 지금은 그 길을 없앴다. 우리말이 지구 언어 중에서 가장 훌륭한 언어라고 자랑할 수는 없겠지만, 후진 언어가 아님은 자신 있게 말할 수 있다. 그저 철학 분야에서는 몇 세대를 이어 외면당하고 있을 뿐이다. 학자들은 평범한 한국인의 보통어를 깊이 들여다 보지 않는다. '질료'니 '실재'니 하는 단어의 경우, '재료'와 '실체'라는 좋은 한국어를 외면할 이유가 없다. 이렇게 말하면 '실체'라는 단어는 '실재'와 완전히 다르다면서, 그것도 모르냐며 언짢아하는 지식인의 모습이 떠오른다. 그러나 이는 서양 철학의 용어를 번역하는 과정에서 일본 학자의 **오류가 빚어낸 해프닝**에 불과하다. 어느 일본 학자가, 사유물로서 불변의 본질을 뜻하는 철학 용어 substance에 '실체'라는 한자어를, 실제로 존재하는 것을 뜻하는 reality에 '실재'라는 조립 한자어를 부여했다. 그러나 한국인의 언어에서 '실체'는 사유물이 아니며, '실제로 존재하는 것'을 뜻한다. 그런데 실제로 존재하는 만물은 변한다. 그렇다면 이런 의미로는 더 이상 substance가 아니다. 오히려 '실체'는 reality의 번역어로 합당하다. '실재'는 한국인의 보통어로 쓰이지 않는다(일부 지식인의 지적 유희로는 쓰인다)는 사실을 간과하지 말자. 일본에서 생겨난 오류를 어째서 수입했는지, 이런 수입 언어의 문제점을 발견하고도 철학을 공부한다는 사람들이 어째서 교정하지 않는지, 왜 오류에 저항하지 않는지, 의문이다.

한국에서 철학이 어려운 문제는, 한국어로, 혹은 이미 한국어가 된 일본어로 철학을 번역하는 경우에서는 그다지 발생하지 않는다. 대체로 한국어가 되지 못한 일본어로 철학이 번역되어 있기 때문에 발생한다. 그런 단어들의 개수가 실제로는 많지 않다. 그러나 철학 용어 '하나' 개선하거나 올바르게 교체하는 일에도 극심한 저항에 부딪힌다. 변화를 욕망하는 한국인에게 어울리지 않는, 가장 보수적이며 가장 폐쇄적인 분야가 아마도 철학계일지도 모른다.

새로운 번역을 시도할 때가 되었다

언어는 시간에 따라 변화한다. 특히 한국어는 그 사정이 심하다. 이 나라에서는 특유의 역동적인 문화와 사회 분위기 때문에 사람들의 의식이 쉽게 바뀐다. 의식이 바뀌면, 언어도 영향을 받는다. 이런 사회 문화적인 요소에 더해, 한편으로는 한자가 지배한 조선 시대의 언어에 맞서 한글로 표현하려는 근대 정신의 분투가 있었고, 다른 한편으로는 식민 지배라는 특수한 환경이 있었다. 불우한 역사를 극복하려는 시도는 한국어 분야에서도 마찬가지여서 우리말에 대한 열정은 문법의 발명과 정비로 이어졌다. 그 결과 백 년 전의 조선인이 쓰던 언어와 현대 한국인이 사용하는 언어는 소통이 어려울 정도로 달라졌다. 적어도 구어가 아닌 문어의 경우에는 그러하다.

영어의 경우, 지금의 단어와 문법으로도 백 년 전의 텍스트를 읽는 데 큰 어려움이 없다. 한국어는 사정이 달라서 지금 세대가 백 년 전의 한국어 텍스트를 거의 읽지 못한다. 다른 오래된 언어와 비교할 때, 현대 한국어는 기호 면에서나 문법 면에서 사실상 태어난 지 얼마 되지 않은 **젊은 언어**이다. 발육과 성장을 위해서는 자꾸 도전하고 모험해야 하는 언어이다. 전통적으로 지켜야 할 언어의 유산이 적기 때문에, 더 좋은 어휘와 더 나은 표현의 가능성이 풍부하다. 번역은 그런 가능성을 위해 애쓰는 도전과 모험이다.

언젠가 나는 어느 출판평론가의 말을 들은 적이 있다. 기존 번역본이 있는 책을 다시 번역해서 출간하다니, 그런 일을 그만하자는 비평이었다. 나는 그이의 견해가 바뀌었기를 소망한다. 다른 사람의 성과를 존중하고 쓸데없는 경쟁을 하지 말자는 의도였을 것이다. 그런 마음을 우리는 이해한다. 그러나 언어의 변화가 심한 이 나라에서는 지식을 전하는 언어의 수명이 짧을 수밖에 없어서(단지 오역의 문제가 아니다), 원문에 담긴 지식과 지혜가 당대의 한국인에게 여전히 필요하다면, **수명이 다한 언어를 고집할 게 아니라**, 더 나은 번역으로 자꾸 개선해야 할 사회적 요청이 있다. 특히 철학의 경우, 백 년 넘게 지속된 기존 세대의 번역은, 현대 한국어의 성장을 방해한다. 사실상 일본어로 번역된 이후에, 그것이 권위를 획득한 다음, 제대로 된 한국어 번역을 막고 있기 때문이다. 식민 지배의 유산이 너무 철저해서 이 나라의 철학은 '일본식 훈고학'에 갇혀 있다. 철학 번역이 인류의 지혜를 한국인에게 전파하는 임무를 수행하기는커녕, 이 나라에서 위대한 사상가가 나오지 못하도록 훼방 놓고 있으니, 더 나은 지혜와 지식을 원하는 사람들이라면, 변화하는 한국어에 어울리는 새로운 번역을 시도해야 함이 마땅하지 않은가?

특히 우리 언어는 서양의 로마자 알파벳 체계와 근본적으로 다르다는 그런 당연한 이유 때문에, 서양 철학을 번역하는 과정에서 굉장한 이점을 누릴 수 있다. 서양의 언어도 기호든 의미든 세월이 흐름에 따라 변화할 것이다. 단어는 그대로인데 시간의 흐름 때문에 의미의 명료함이 달라지곤 한다. 이런 상황에서 후대 서양 사람들은 주석을 다는 등의 간접적인 방법으로 그 의미를 보전할 것이다. 이런 일이 많이 발생할수록, 혹은 시간이 많이 흐를수록, 자연스럽게 서양 사람들에게도 철학이 어려워지는 것이다. 옛 철학자는 아무 잘못도 하지 않았는데, 같은 언어를 사용하는 독자의 시대가 달라졌다는 이유만으로 어려워지고 마는 것이다. 그럼에도 알파벳 기호에 묶여 있기 때문에, 수백 년 전에 어느 철학자가 쓴 단어를 시대가 바뀌었고 더 좋은 단어가 있다고 해서 다른 단어로 함부로 바꿀 수 없다.

예를 들어 칸트의 〈순수이성비판〉에서 머릿속 '순수 지식 개념'은 대상을 파악함에 있어 정확하고 구체적인 형상을 제공하지는 않는다. 그런 것은 감각을 통해 얻는 것이다. 개념의 역할은 머릿속에 들어온 대상에 의미의 '실루엣'을 제공하는 것이다. 칸트는 그것을 schema라고 표현했다. 그렇다면 수백 년이 지나도 현대 서양인들은 schema로 표현해야 한다. 옛 단어를 그대로 사용하면 칸트가 말하려는 메시지가 21세기 일반 독자들에게 잘 전달되지 못할 수 있다. 그걸 걱정한 칸트도 schema는 어떤 구체적인 형태를 나타내는 image가 아님을 강조했다. 그런데 schema가 아닌 silhouette이라는 단어로 바꿔 보면, 칸트가 전하려는 메시지가 훨씬 쉽게 파악된다. 그러나 그렇게 함부로 단어를 바꾸지 못한다는 것이, 서양 사람들이 겪는 어쩔 수 없는 언어적 속박이다.

그러나 로마자 알파벳과 무관한 한국어의 경우, 이런 속박이 없다. 서양 철학을 번역하는 과정에서, 우리는 최선의 한국어를 부여해서 저자의 메시지를 더 명료하게 나타낼 수 있는 기회를 얻기 때문이다. 자, schema의 번역어로 우리는 어떤 단어를 선택하면 좋을까? 우리에게는 '윤곽'이라는 좋은 단어가 있다. 그러나 일본 학자가 '図式'으로 '멋지게 그러나 보잘것없게' 번역함으로써 번역의 기회를 망쳤고, 한국 학자들이 '도식'으로 일본어 번역을 그대로 음독해서 번역한 후 만족해하면서, 번역의 기회를 낭비했다.

우리는 기회를 되살려야 한다. 그게 어렵지도 않다. 우리말에 맞게 그러면서도 저자의 메시지에 충실하게 **다시 번역하면 된다**.

이 나라에서는 일본어로 철학을 번역한다

한국에서 문맹은 사라졌다. 한국어를 못 읽는 한국인을 만나기 어렵다. 모두가 인터넷을 통해 쉽게 지식을 얻는다. 그런데 '문해력' 문제가 생긴다. 한국인이 한국어로 된 글을 읽는데 그 글을 이해하지 못한다면 한국인의 문제인가, 아니면 한국어의 문제인가? 철학의 경우 문해력 문제는 더욱 심각하다. 읽어도 무슨 내용인지 알 수 없는 '한국어로 쓰인' 텍스트가 흔하다. 그것은 철학 자체가 그러하기 때문인가, 아니면 철학 번역자의 한국어 탓인가? 나는 이런 의문을 오랫동안 품고 있었다.

철학 번역은 주로 강단에서 학생들을 가르치는 학자들이 한다. 대체로 박사 학위의 권위와 '원문' 번역의 권위를 내세운다. 그들이 번역을 잘했으면 이런 책이 나오지도 않았을 것이다. 전문 번역가가 철학 번역을 하는 경우도 있다. 번역가들에게 철학 용어는 통과하기 어려운 장애물이다. 그들은 사전을 참고하면서 다양하게 조사한다. 그때 사전이 그들의 작업에 곰팡을 일으킨다. 도대체 이 나라 철학 번역에 어떤 문제가 있는가?

문제의 원인은 간단하다. 한국인이 한국어가 아닌 일본어 단어로 철학을 번역하기 때문이다. 내가 이렇게 말하니 어디에선가 이런 반론이 들리는 것 같다. 우리나라에 서양 문물을 수입하는 과정에서 일본 학자의 공헌이 컸다, 아니 매우 크지 않았던가? 일본어로, 일본식 한자로 철학 용어를 번역했다 해서 문제되기보다는 오히려 철학의 보급과 학문의 성장 면에서 고마워해야 하지 않는가? 좋은 반론이다. 맞는 말이다. 일본 학자들이 없었다면 우리는 고생했을 것이다. 그러나 좋은 우리말을 찾기 위해 고생하는 것은 **굉장히 의미있는 일**이다. 우리는 그런 의미있는 작업을 할 기회를 박탈당한 것이고, 오히려 오류까지 세대를 이어가며 세뇌당했으니, 좀 더 생각해 보면 그 반론이 부당해진다. 일본은 과학과 산업 분야에서 인류에 공헌한 인물들을 다수 배출한 나라이다. 그러나 나는 그 나라에서 위대한 철학자가 배출되었다는 소식을 들은 적이 없다. 물론 그들의 언어를 모범 삼아 철학을 공부한 우리나라도 마찬가지다.

니시 아마네[1]는 '철학'이라는 단어를 발명했다. 그것만이 아니다. 시간, 공간, 이성, 긍정, 부정, 명제, 개념 등의 단어도 발견했거나 발명했다. 니시 아마네의 이런 발명품은 현대 한국어에 잘 편입됐다. 그러나 그는 일본인, 그것도 백수십 년 전의 옛 일본인이다. 서양 정신의 핵심을 정확히 이해하여 그것을 일본에 제대로 전파한 사상가도 아니었다(그는 서양의 물질적인 성과에 주목했으며, 메이지 정부에서 군사 조직 정비에도 힘쓴 인물이었다). 당시 일본 학자들은 수많은 철학 용어를 발명해 냈다. 일본어처럼 한자어를 사용하는 우리들은 '당분간' 그 혜택을 누렸다. 일본 사람이 일본어로 가르친 지식이 몇 세대를 이어오면서 오늘날에 이르렀다. 이 나라 철학 지식의 뿌리를

1   西周 1829~1897. 일본의 번역가. 어려서부터 주자학을 익혔고, 1862년 막부 파견 유학생으로 네덜란드에서 서양의 학문을 배웠다. 1865년 귀국하여 메이지 정부의 관직에서 일한 후, 서양의 학문을 일본어로 번역하는 데 큰 기여를 했다. 그는 철학, 미술, 소극, 적극, 가정, 능동, 수동, 가상, 경제학, 자유주의, 인지, 외연, 내포, 개념, 객관, 주관, 감성, 현실, 추상, 의무, 긍정, 부정, 본능, 이상, 감각, 공간, 원소, 목적, 심리학, 재현, 도식, 표현, 원자, 상상력, 분해법, 신학, 전칭, 특칭, 단칭 등 종전에 없던 번역어를 만들었고, 예부터 전승된 한자어 중에서 오성, 의식, 관념, 명제, 인상, 과학, 시간, 관계, 조직, 인식, 직접, 주의, 표상, 논증, 예술, 계급, 성립, 논증 등에 새로운 의미를 부여해서 번역어로 사용했다. 朱 京偉, <明治期における近代哲学用語の成立: 哲学辞典類による検証>, 日本語科学, 2002, p96-127.

일본 학자들이 심었다는 데 이의 제기를 할 사람은 많지 않을 것이다. 우리나라에서 서양의 학문은 일본인이 만든 언어에서 비롯되었다. 그러므로 우리는 그들을 존경해야 하는가?

철학을 공부하는 우리 한국인에게 학문의 즐거움은 드물다. 학문의 고통은 있다. 고통을 지불해야 겨우 얻는 즐거움이 없지는 않겠지만, 이 고통의 유래가, 한국인이 한국어가 아닌 일본어로 철학을 공부하기 때문이라고 한다면, 과연 즐거운 일일까?

규준, 질료, 실재, 소여, 우유성, 심성, 각지, 도식, 도상, 선취, 외연, 내포, 격률(준칙)이라는 단어는, 각각 canon, matter, reality, data, acidents, mind, apprehension, schema, image, anticipation, extension, intension, maxim에 해당하는 일본식 번역이다. 규범, 재료, 실체, 데이터, 비본질, 머리, 탐색, 윤곽, 이미지, 예감, 크기, 세기, 좌우명으로 바꿔 번역하는 것이 평범한 한국어에 어울린다. 정신, 영혼, 지각, 통각, 이념, 실체는 각각 spirit, soul, perception, apperception, idea, substance를 이상하게 번역한 일본식 용어이다. 영, 정신, 포착, 지각, 이데아, 본질로 번역하여 오류를 바로잡아야 한다.

칸트 철학에 따르면 인식 과정에 기여하는 인간 머리의 3 요소로서 sensitivity, understanding, reason이 있다. 이 세 단어 사이의 형태적 간격이 커서 어떤 의미적 혼란도 일어나지 않는다. 그러나 일본에서 접미어 '성'을 사용하여 감성, 오성, 이성으로 번역하고 보니, 가장 중요한 철학 용어들임에도 의미의 차이가 혼란스럽다. 근래 오성 대신 지성이라는 번역어를 사용하고 있지만, 혼선의 문제가 사라지지 않고 여전히 모호하다. 만약 서양 사람들 앞에서, object, representation, appearance, imagination, illusion, ideal이라는 단어를 배열해 놓는다고 가정하자. 단어마다 의미상의 거리가 멀기 때문에, 그 뜻을 구별하는 데 어려움이 없을 것이다. 옛 일본 학자의 기예는 이런 식이다. 각각 대상, 표상, 현상, 상상, 가상, 이상이라고 번역했다. 쓸데없이 '상'이라는 단어를 붙임으로써 의미상 간격이 좁아졌고, 따라서 필요 이상으로 모호해지며, 헷갈리게 된다(한국인뿐 아니라 일본인에게도 좋지 않은 번역이다).

우리가 쓰지 않는 일본식 단어가 한국 철학 번역의 족쇄이다. 서양 사상에 대한 잘못된 이해로 말미암아 발생한 엉터리 번역도 있다. 그런 족쇄를 차고도, 관례를 존중한다는 안일한 명목을 내세우면서, 지난 백 년 동안 편안하게 여긴 결과가 오늘날의 철학 번역이다. 한자를 이용해서 단어를 함부로 발명하는 좋지 않은 버릇도 앞에서 살펴본 **일본식 기예**에서 비롯된 것이다. 독자들의 언어 수준을 고려하지 않는 오만함을 추적하다 보면, 결국 전근대적인 문화를 만나게 되는데, 그곳에서 일본 제국주의의 정신은 멀지 않다.

한국인과 일본인이 지닌 언어 문화가 다르다. 일본의 경우, 당장은 무슨 말인지 알아듣지 못해도 그 말을 사용한 '선생'을 존중하는 한편, (설령 더 좋은 선택이 있을지라도) 그 단어를 자신의 언어로 기억하기 위해 (보통어가 아니거나 보통어와 너무 다르니) 매뉴얼을 만들어 가면서까지 애쓰는 문화가 있을지도 모르겠다. 하지만 오늘날 한국인들은 자신이 무슨 말인지 알아듣지 못하는 것을 싫어하고, 더 알기 쉬운 말이 있다면 옛것을 낡은 것으로 간주하는 데 머뭇거림이 적다. 그럼에도 여전히 이 땅의 학자들은 한국인의 언어 문화를 외면한 채 일본식 단어를 그대로 계승한다. 마치 일본인처럼 한자어를 조립하는 버릇에 여전히 중독돼 있다. 어째서 평범한 한국어에서 단어를 찾지 않는가?

언어 유린의 무한 순환 사건의 전모

철학책을 읽다 보면 으레 사전을 찾게 마련이다. 단어의 뜻을 모르니 읽어도 무슨 말인지 모르겠고, 그래서 독자들은 사전에서 도움을 얻고자 한다. 그런데 막상 사전을 읽어도 제대로 도움을 얻지 못한다. 사전의 뜻풀이 자체가 어렵기 때문이며, 우리가 상식적으로 알고 있는 의미와 다른 경우도 잦기 때문이다. 사전에 대해 이야기해 보자.

철학 분야만큼 학자들에게 권위가 인정되는 분야도 드물다. 사람들은 그 권위를 존중하고, 학자는 명예를 얻는다. 이런 일은 매우 자연스럽고 아무런 문제가 없다. 그러나 이 권위가 잘못 작동하여 하나의 사건을 구성할 때가 있고, 그 경우 학자가 학문의 세계를 범한다. 학문을 무지의 감옥 안에 가두는 사건은 학자가 세상에 내놓는 언어로 말미암아 생기는데, 학자의 권위에 사전이라는 다른 권위가 더해지면서 거의 영구적인 미해결 사건이 되지 않을 수 없으니, 실로 무섭다 하겠다.

어느 저명한 대학의 철학과 교수 홍길동이 서양 고전을 번역하면서 자기 멋을 부린다. 마치 자신이 누구도 흉내 내지 못할 수준으로 가장 정확하게 번역해 냈음을 증명이라도 하듯이 한자어를 조합하여 일반인이 상상할 수 없는 새로운 단어를 만들어 낸다. 또한 기존 단어를 사용하면서 본래의 의미를 훼손하고 제멋대로 의미를 바꾸어 버린다. 아니면 ― 이런 경우가 대부분이었을 것인데 ― 일본 책을 '컨닝'해서 번역한다. 나는 이를 '언어 유린 사건'이라고 부른다. 왜냐하면 평범한 한국어를 사용하는 독자들이라면, 홍길동 교수가 번역한 책을 읽어도 그 의미를 파악할 수 없게 되었기 때문이다. 독자는 아무 잘못이 없는데 문해력을 잃어버렸다. 대중은 아무런 죄가 없음에도 무식해진다. 그럼에도 홍길동 교수는 학술상을 받는다. 심사위원 자신들도 홍길동 교수의 책을 제대로 읽은 적이 없고, 읽어도 무슨 뜻인지 알 리 없지만, 홍길동은 권위에 권위를 더한다.

이리하여 누구나 읽어야 하고 읽을 수 있는 인류의 교양이, 한국에서는, 전문 학술도서로 둔갑해 버린다. 홍길동의 번역은 도저히 읽을 만한 한국어가 아니다. 그러나 홍길동의 권위는 오래도록 지속된다. 게다가 홍길동과 그의 제자들이 그런 단어를 이용해서 논문을 쓴다. 이번에는 사전 편찬자가 정보를 수집하면서 홍길동이 쓴 그 언어를 국어사전이든 외국어사전이든 사전에 등록한다. 이로써 언어 유린 사건의 '**완벽한 알리바이**'가 성립한다. 사전은 더할 나위 없이 좋은 증거이다. 앞으로 수많은 번역가가 그 알리바이를 신뢰하고 사전이 증거하는 '홍길동의 단어'를 사용할 것이다. 그러면서 무수히 많은 증거와 알리바이가 축적된다.

소장파 학자 임꺽정은 아무리 생각해 봐도 홍길동의 번역이 한국인의 언어 감성에 맞지 않고 쓸데없이 철학을 어렵게 만든다고 우려한다. 그는 고민 끝에 새로운 번역을 해야겠다고 의욕한다. 사건을 해결하려면 사전을 봐야 한다. 임꺽정은 사전을 펼쳐 본다. 어? 홍길동의 번역에는 이미 알리바이가 있었던 것이다. 사전은 홍길동의 번역이 올바름을 증거한다. 임꺽정은 자신의 한국어 어휘력을 한탄하면서 모험을 그만둔다. 외국어에 능통한 학자 성춘향이 등장한다. 역시 홍길동의 번역이 이상하다고 생각해서 달리 번역하려고 한다. 그러나 성춘향도 사전을 펼쳐 확인해 보니 홍길동의 번역이 맞는다는 것이다. '아, 내 한국어가 좀 부족한 모양이구나' 하는 생각에 작업을 포기한다. 이것이 이 언어 유린의 무한 순환 사건의 전모이다.

사전에 이런 '사건의 알리바이'가 있음을 유의해야 함에도, 번역가들에게 이런 사실이 은폐되어 있다는 점, 이것이 철학 번역의 현실적인 어려움이며 슬픔이다. 이런 일들이 한 세기를 거치면서 철학 번역이 지식의 대중화를 가로막는다. 사전은, 일본식 번역이 한국인의 정신 세계를 세세토록 핍박한다는 이 문제에 대한 고발을 억누르는 가장 효과적이고 완벽한, 거짓 증거이다.

세대 사이에서 방황하는 언어

부끄럽게도 내 언어는 오랜 방황 속에 있었다. 견고하지 못하고, 늘 좌고우면한다. 눈치를 보는 게 일상이며 어제 는 이쪽에 붙으면서 확신해 놓고서는 오늘은 저쪽에 붙으 면서 반성한다. 이런 기회주의적인 습성을 보이는 언어가 나의 언어이며, 나의 정신적 미숙함이다. 이제부터 나는 내 창피한 언어를 독자에게 고백하면서, 내가 도착한 결 론을 이야기하고자 한다.

단어 선택의 갈림길에서, 전통과 혁신 중에 무엇을 택해 야 하는가의 방황이 내게 있었다. 문제가 있는 관습이라 면, 그것을 버리거나 개선해야 한다고는 생각하면서도, 앞선 세대에 대한 예의 같은 게 남아있었고, 학자도 아닌 주제에 학자들의 잘못된 단어 사용법을 존중하는 관성이 있었다. 그런 것들을 모두 버리면 오히려 혼동을 초래할까 봐 걱정했다. 하지만 번역어의 문제라는 게 ― 원래 단어가 갖는 의미와 번역된 한국어 단어의 의미상의 차이 ― 제대로 바꾸지 않는 한 잘 개선되지 않았고, 주석만 늘어날 뿐이었다. 더 나은 주석을 붙일수록 변명만 늘어나는 것 같았다. 대체 누구를 위한 변명인 것인가?

나는 앞선 세대를 존경할 의무가 없지만, 다음 세대에게 더 나은 유산을 물려줄 의무는 있다. 조상들의 잘못을 변명할 책임과 사명이 내게 없지만, 후대에게 더 나은 성과를 넘겨줄 책임과 사명은 있다. 그렇다면 낡은 관습을 버리는 데 주저하기보다는 새로운 전통을 만들기 위해 노력하는 것이 더 바람직한 일이 아닐까? 나는 이런 당연한 결론에 이르기까지, 두 해를 더 고민했다.

앞에서 이미 언급한 것처럼, 칸트가 말하는 인간 머리의 3요소를 영어 단어로 말한다면, sensitivity, understanding, reason이며, 이 세 단어는 딱 봐도 의미상 간격이 크다. 이들 로마자 알파벳에서는 시각적인 면에서나 의미적인 면에서나 음절수의 관점에서나 공통점이 없으니 누구도 헷갈리지 않을 것이다. 그러나 이 나라의 철학자들은 일본 학자의 번역을 모범 삼아 오랫동안 '감성', '오성', '이성'으로 번역해 왔다. 접미어 '성'이 공통되어 있어 이 세 가지 개념의 간격이 밀접해졌다. 이런 번역에 문제가 있음을 알았지만, 백 년 동안 사용한 관습이라는 게 있었고, 지금도 그런 관습에 따라 학습하고 암기하는 사람들이 있으니, 그 관습과 문화를 존중해야 한다는 막연한 생각이 내게 있었다. 그래서 이 책의 초판에서 나는 '감성'이라는 단어를 감히 건들지 못했고, '오성'은 어중간하게 문제 제기만 하고 말았다. 개정판에서 견해를 바꾼다.

나는 '감성', '오성', '이성', 이 세 가지 단어 사이의 의미 간격을 벌리는 게 무엇보다 중요하다고 생각했다. 그다음 '오성'이라는 번역어의 문제를 온전히 해결하는 게 이어진 과제였다. 우선 '감성'은 '감수성'으로 바꿨다. 칸트는 순수이성비판에서 sensitivity의 성격이 '수용성'에 있음을 반복해서 강조했다. 감각 기관을 통해 데이터를 머리 안으로 수용하는 역할을 하는 게 sensitivity이다. 그렇다면 '감성'보다는 '감수성'이 더 나은 번역이다. 무엇보다 이렇게 번역함으로써 다른 두 요소와의 간격이 벌어지게 되는 장점을 얻는다.

'오성'은 우리말이 아니다. 사실 일본말이라고 하기도 애매하다. 한국인도 마찬가지지만, 일본인도 悟性이라는 단어를 보통어로 사용하지 않는다. 백 년 전 어느 일본인이 발명한 단어를 '철학 지식'을 얻고자 하는 후대 사람들이 '비판하지 못한 채' 묵묵히 사용하고 있을 뿐이다. 본래 비판 정신이 부족한 사람들이 관습을 매뉴얼로 암기한다. Understanding은 오성이라는 한자의 뜻과 무관하게 '깨달음'이 들어있지 않다. 다소 거칠게 표현하자면, 그저 감수성이 수용한 대상에 적당한 이름을 붙여주면서 (가장 기초적인 수준으로) 생각이라는 것을 하는 요소가 understanding이다.

보통어로 전혀 사용하지 않는 단어를, 다시 말하면 소통을 포기해야 하는 난해한 단어를 버리지 못하고 고집하는 태도 자체가 철학을 공부하는 사람의 건전한 정신에 어울리지 않는다. 근래 '지성'이라는 번역어가 등장했고, '오성'의 문제점을 인식한 사람들이 유행처럼 understanding을 '지성'으로 번역한다. '알 수 없는 단어' 대신 '알 수 있는 단어'를 선택한 것이다. 그런데 이 선택은 학문적인 엄밀함의 면에서나, 칸트 사상을 '한국인에게' 잘 전달하려는 의지의 면에서나 타당하지 않다. '알 수 있는 단어'이기는 해도, '앎을 방해하는 단어'이기 때문이다. 학자들이 understanding이라는 개념을 몰라서 그런 것도 아니고, 칸트를 잘못 이해하고 있기 때문도 아니다. 한국어에 너무 관심이 없기 때문이다. 한국인이 지성知性이라는 단어를 사용할 때에는, 예를 들어 〈그는 우리 사회의 양심과 지성을 대표하는 사람이다〉, 〈그 작가는 당대의 지성을 상징하는 인물이었다〉, 〈그녀는 미모와 지성을 겸비했다〉 등의 문장처럼, '지성'이라는 단어는 긍정적인 가치 판단과 현명한 의미를 갖고 있다. 그런데 그런 의미는 칸트가 말하는 understanding이 아니라, reason이 갖는다. 왜냐하면 understanding과 reason에는 분명한 위계가 있고, understanding은 고차원의 생각을 이끌어내는 머리의 요소가 아니기 때문이다. 하지만 understanding을 '지성'으로 번역하고 보면, 마치 '지성'이 '이성'보다 상위의 개념처럼 비친다.

'오성'이든 '지성'이든, understanding 번역의 문제는 접미사 '성'을 고집하는 관성에서 비롯된다. 폐습을 버리고 이성과 의미 간격을 벌려 보자. Understanding의 의미가 대상에 개념을 부여함으로써 그 대상을 판단하는(예: 저 과일은 사과다) 지적인 머리 요소라는 점에서, 지능, 지력 같은 단어를 검토했으나, '순수 지능 개념', '순수 지력 개념'이 부자연스럽고 도무지 평범한 우리말처럼 느껴지지 않았다. 특히 '지능'의 경우, 인간의 지능이 인공지능과 비교돼야 하는 필연적인 운명을 생각해 볼 때, 특정 개념으로 그 뜻을 고정해 놓는 건 좋은 선택으로 보이지 않았다. 오랜 고뇌 끝에 '지식'으로 번역되는 것이 바람직하다고 생각했다. Understanding과 knowledge는 거의 같은 의미의 단어이며, 그 어원이 옛 그리스어 '에피스테메 episteme'로 동일하다. 칸트 이전 영국 경험론자 로크는 'understanding'이라는 단어를 썼고, 로크 사상을 비판했던 조지 버클리 주교는 같은 의미로 'knowledge'라는 단어를 사용했다. 즉 understanding에 대한 '지식'이라는 번역에는 어원적인 근거가 있다는 얘기다.

이렇게 번역어를 바꾸면, 〈순수이성비판〉에서 칸트가 전하려는 메시지가 더 투명하게 전달될 뿐만 아니라, '감수성'과 '이성'과의 의미 간격이 확연히 구별돼서 이롭다. 그러므로 '오성 개념' 혹은 '지성 개념'이 아니라 '지식 개념'이 되는 것이다. 다음은 〈순수이성비판〉 B76 부분의 번역이다. 말을 바꾸면 철학이 이토록 순조롭다.

"다시 말하면 감수성은 우리가 대상에 의해 영향받는 방식만을 포함한다. 반면 지식은 감각 직관의 대상을 생각하는 능력이다. 이들 특성 중 어떤 것도 다른 쪽보다 우월하지 않다. 감수성이 없다면 어떤 대상도 우리에게 주어지지 않을 것이요, 지식 없이는 어떤 대상도 생각되지 않을 것이다. 내용 없는 생각은 공허하며, 개념 없는 직관은 맹목이다."

인간은 감수성을 통해 머리 안으로 데이터를 받아들인다. 그리고 감수성이 수용한 데이터는 지식으로 보내진다. 이때 지식으로 전달된 데이터를 일컬어 perception이라 한다. 이를 철학자들이 '지각知覺'으로 번역했다. '알아서 깨달음'이라는 뜻의 평범한 단어다. 그런데 perception은 '앎'이 결여된, 즉 지식으로 처리되지 않은 데이터일 뿐이다. 하지만 우리말 번역어 '지각'은 이미 앎에 도착한 의미가 있다. 칸트 철학 관점에서는 말도 안되는 의미를 '지각'이 자기 뜻으로 삼고 있는 것이다. 그러니 잘못된 번역이다. 반면 칸트 철학에서 데이터가 지식에 의해 처리되어 앎에 이르게 된 상태를 일컬어 apperception이라 한다. 이 단어에 딱 맞는 번역어가 바로 '지각'이다. 그런데 철학자들은 일본 번역을 모범삼아 지금껏 '통각統覺'으로 번역해 왔다. 철학이 난해해지는 까닭은 이렇듯 단순하다. 보통의 한국인이 알아들을 수 없는 단어를 강단의 철학자들이 비판 없이 고집하고 있기 때문이다. 칸트 자신이 직접 한자어로 책을 썼다고 가정해야만, 그런 고집을 납득할 수 있다.

나는 초판을 내면서 결단을 못 내리는 어정쩡한 입장으

로 말미암아 큰 실수를 저질렀다. Apperception의 우리말 번역어가 '지각'임이 자명함에도, 그 단어를 perception의 번역어로 사용해 온 오래된 ― 그러나 잘못된 ― 관습에서 비롯된 혼란을 염려하면서 '자의식'이라는 단어를 미봉책으로 선택했던 것이다. 한편 perception의 대체 번역어로는, 센서 장치가 사물을 sensing하는 번역어로 널리 사용되는 '감지'라는 단어를 차용했는데, 이 또한 약점이 있었다. '감지'라는 단어에 포함된 '지知'라는 한자어가 오해를 불러올 수 있음을 간과했다. Perception의 의미에는 아직 '지'가 존재하지 않는다. 그저 머릿속에 수용된 수많은 데이터 중에서 중요하지 않은 데이터를 제외하고, 생각의 대상에 꼭 필요한 데이터만을 선별해서 한뭉치로 모아, 감수성에서 지식으로 전달되는 데이터를 의미한다. 나는 이 단어에 맞는 단어를 찾기 위해 고심했고, '꽉 붙잡음'이라는 의미가 있는 **'포착'**이라는 단어에 이르렀다. 물론 이 단어는 학자들이 apprehension의 번역어로 쓴다. 그러나 나는 그 단어에는 '탐색'이라는 더 좋은 우리말을 붙였다.

지식은 단어에 보관되고, 생각은 언어를 통해 행해진다. 그러므로 아무리 똑똑한 사람일지라도 단어의 의미를 넘어서 생각할 수 없으며, 언어보다 더 좋은 표현 방법을 사용할 수 없다. 다시 말해 단어에 속박되며 언어에 의해 생각이 제한되는 연약한 존재가 바로 인간이다. 저명한 대학 교수조차 잘못된 단어의 폐해를 피해갈 수 없다. 그렇다면 평범한 보통 사람이 철학에 입문할 때, 잘못된, 어려운, 복잡한, 모호한 단어가 얼마나 견고한 장벽으로 작용할지는 아주 자명하다 하겠다. 낡은 단어들을 반성 없이 무비판으로 사용하는 관습은 존중할 만한 전통이 아니다. 우리는 다음 세대에게, 앞선 세대들이 겪었고, 지금 우리 세대가 여전히 겪고 있는, 이토록 심한 언어적 고통을 물려줘서는 안 된다.

철학의 비판 정신으로 악습과 싸우자.

독일어 문제

나는 이 책에서 영어 단어를 출발 언어로 삼고 우리말을 도착 언어로 삼아 철학 용어를 분석하고 검증했다. 이런 나의 작업을 마뜩잖게 생각하는 사람들이 있을 것이다. 나도 한때 출발 언어에 대한 환상이 있었다. 고전이 라틴어로 저술되었다면 당연히 라틴어 원전을 번역하고, 고대 희랍어였다면 희랍어 문헌을 번역하고, 독일어였다면 독일어 원전을 번역하는 것이 마땅한 일이라고 생각했다. 중간에 다른 번역물을 출발 언어로 삼는 것은 부자연스럽게 느껴졌고, 어딘가 어중간하고 부끄러운 일처럼 비쳤다. 그러므로 칸트의 〈순수이성비판〉의 우리말 번역을 문제 삼으려면 독일어에 정통하고 해박한 지식이 있어야 한다고 생각했다. 그러나 나는 이런 편리한 생각에 의문이 들었다.

— 이 해묵은 번역 문제의 원인이 과연 기존 번역자들의 독일어 지식이 부족했기 때문이었을까?

앞선 사람들은 모두 독일어 원전을 저본으로 번역 작업을 했다고 주장한다. 그리고 나는 그들의 주장에 어떤 의심도 품지 않는다. 그들의 독일어 실력이 부족해서 번역에 문제가 생겼다고 생각하지도 않는다. 단지 그들의 한국어 실력이 의심스럽다는 것이다. 이것은 출발 언어의 문제가 아니라 **도착 언어의 문제**다. 그러므로 내가 이 작업에서 영어 단어를 출발 언어로 삼았다고 해서 내 견해와 주장에 흠이 생기는 건 아니다. 독일어 단어 혹은 라틴어 단어를 출발 언어로 삼는다고 해서 결론이 달라지지 않기 때문이다.

만약 영어를 출발 언어로 삼았다는 이유로 일본식 한자어에 대한 비판이 탄핵된다면, 영어 번역이 신뢰할 수 없다는 전제가 있어야 한다. 그러나 〈순수이성비판〉에 대한 우리말 번역의 역사는 불과 반세기 남짓에 불과하지만, 영어 번역은 두 세기를 넘는 역사가 있다는 점, 그사이 다양한 학자에 의해 영어 번역이 개선돼 왔다는 점, 수많은 논문이 영어로 쓰이면서 주요 단어의 영어 표기에 대해서는 학문적 합의가 이루어져 있다는 점 등을 고려하면 그런 전제는 설 자리가 별로 없다. 더욱이 학문적으로 검증되고 신뢰받는 복수의 영어 번역본들과 복수의 우리말 번역본을 대조하면 칸트가 말하려는 진정한 메시지는 거의 그대로 '우리말로' 언어화할 수 있다. 칸트는 이제 막 세상에 알려진 독일 학자가 아니다. 그는 인류 역사에서 가장 많이 연구된 사상가 중 한 명이고, 그 연구의 상당수는 영어로 쓰였다는 사실을 외면하지 말자. 게다가 칸트의 독일어는 18세기 후반의 독일어여서 독일 학생들도 그 당시의 독일어 문장을 읽기 어려워 영어 번역본을 참고하면서 칸트를 읽는다고 하니, 평범한 한국인들이 칸트의 생각을 제대로 이해하는 데 '독일어 문제'가 큰 의미를 갖는 것도 아니다.

특히 칸트의 지혜를 인생의 나침반으로 삼고자 하는 칸트주의자 입장에서는 어떻게 하면 평범한 우리말로 칸트의 사상을 더 잘 표현할 수 있을까, 어떻게 하면 더 많은 사람에게 칸트의 사상을 전할 수 있을까를 고민하게 된다. 그런 고민을 하면서 나는 문장 속에서 칸트의 맥락을 더 세심하게 찾기 위해 노력했다. 친절한 칸트의 다채로운 반복 설명에 귀를 기울이면, 그런 탐색 작업이 아주 어렵지는 않았다. 요컨대 일본식 한자어가 과연 칸트의 사상을 제대로 담아내고 있는지 분석하고 검증하는 이 작업이 독일어가 아닌 영어를 출발 언어로 삼았다고 해서 특별한 곤경에 빠지지는 않았다는 얘기다. 이 책의 주제는 간명하다. 철학 번역에 사용된 일본식 한자어 ― 출발 언어는 매우 중요한 철학 개념이되, 도착 언어는 우리말로 편입되지 못한 일본어 음역 ―에는 아주 심각한 문제점이 있다는 것이다. 그래서 평범한 한국인이 사용하는 보통어로 다시 번역돼야 한다는 주장이다. 이런 점을 고려하면, 영어 번역어를 함께 제시하는 것이 대부분의 독자가 그 의미를 쉽게 파악하면서 한국어 번역과 비교할 수 있다는 점에서, 그리고 이 문제의 심각성을 시각화한다는 점에서 이롭기까지 하다.

어째서 유추를 하지 않는가?

인간은 경험을 통해서 지식을 얻는다. 따라서 무엇인가를 경험하지 못한다면 그 무엇에 대한 지식을 얻을 수 없다. 하지만 실제로는 직접 경험하지 않고도 우리는 다양한 지식을 얻는다. 한편으로는 인류가 경험을 공유할 수 있기 때문이며(타인의 경험 지식을 내 것으로 취할 수 있다), 다른 한편으로는 우리들 머릿속에 있는 수많은 경험 지식의 집합 속에서 이성의 추리를 통해서 새로운 지식을 재구성할 수도 있기 때문이다.

그런데 그 누구도 직접 경험할 수 없는 대상이 있다. 그런 대상에 대한 지식은 어떻게 구할 것인가? 그런 대상은 두 종류로 나눌 수 있다. 첫째 실제 세계에서는 도무지 존재하지 않는 대상이다. 감각 세계 너머에 있기 때문에, 정말이지 실제로는 확인할 수 없고 경험할 수 없음에도, 우리들 머릿속에서는 '생각되는 것'이다. 이 어쩔 수 없는 사유물을 탐구하는 것이 형이상학이다. 신, 내세, 자유, 세계 자체 따위의 이런 형이상학적 대상은 경험을 초월해 있기 때문에 경험을 이용할 수 없다. 둘째 실제 세계에 확실히 존재하는 것인데, 우리 인간의 능력으로는 '직접' 접근할 수 없는 대상이 있다. 예컨대 그 대상이 너무 멀리 떨어져 있거나, 너무 작아서 볼 수 없는 경우이다. 이것은 형이상학 대상이 아니다. 과학의 대상이지만, 직접 경험할 수는 없기 때문에 실험할 수도 없고 귀납법을 직접 이용할 수도 없다. 이런 경우에 사용하는 서양 철학의 논리적 방법 중 하나가 바로 유비추론analogy이다. 줄여서 '유추'라고 한다.

유추는, 경험을 통해 우리가 익히 알고 있는 다른 것(소스 도메인: Source domain)에 대한 지식을 이용하여, 우리가 경험할 수 없는 어떤 것(타깃 도메인: Target domain)의 의미를 찾거나 이해하는 논리 기법을 뜻한다. 다시 말하면 경험을 통해 직접 알 수 없는 것에 대해, 이해하고 싶고, 지식을 얻고 싶을 때, 그때 예외적으로 사용하는 논리적 방법론이다. 예컨대 다음과 같은 구조의 논리 기법이다.

① S가 어떤 관점에서 T와 유사하다.

② S는 어떤 특징 Q를 갖고 있다.

③ 그러므로 T도 Q를 갖고 있거나, 그와 유사한 Q'를 갖는다.

T는 경험할 수 없거나 경험하기 어려운 대상이어야 한다. 만약 T가 경험할 수 있는 대상이라면, 유추라는 간접적이고 우회적인 논리를 사용해서 생각할 게 아니라, 직접 탐구하거나 실험해서 알아내면 될 일이다. 당연하게도 유추보다는 직접 경험해서 과학적으로 알아내는 지식이 더 확실하다. 예를 들어 옛날 사람들은 지구와 화성의 유사점을 확인한 다음에, 지구에 생명이 살고 있다는 사실을 전제하고 나서, 화성에도 생명이 존재하지 않을까라고 추론했다. 칸트는 이러한 유추의 논리가 순수 지식 개념의 원리로서 인간의 머릿속에 이미 선천적으로 들어있다고 생각했다. 한편 칸트가 순수 직관으로서 시간에 관해 유추로 설명하는 논리는 다음과 같다. 타깃 도메인은 시간이 되고, 소스 도메인은 직선이 된다.

① 직선은 무한히 이어진다는 점에서 시간과 유사하다.

② 직선 위에 있는 점은 연속하는 계열로 연결되는 특성이 있다.

③ 그러므로 시간도 그런 연속한 시계열을 갖는다.

칸트의 〈순수이성비판〉은 인간, 더 정확히 말하면 인류의 머릿속을 탐구하는 철학이었다. 설령 뇌과학이 발전했더라도 아직은 인류의 머릿속으로 들어가서 그 세계를 직접 경험할 만한 수준은 아니다. 그런 수준이 가능할지는 몰라도 거기까지 가려면 아직 한참 멀다. 그렇다면 우리 머릿속에서 어떤 일이 벌어지는가를 탐구하는 〈순수이성비판〉을 **제대로 이해하려면** 유추 기법을 사용해야 한다. 18세기를 살았던 칸트는 유추를 끌어다 쓸 기존 지식을 갖고 있지 않았다. 그는 오직 사유의 힘을 통해서 고독하게 저술했다. 그러나 21세기를 살고 있는 우리는 아주 훌륭한 소스 도메인을 갖고 있다. 오늘날 컴퓨터 데이터 기술, 특히 인공지능 기술의 논리 구조는 칸트가 〈순수이성비판〉에서 설명하는 이성의 논리 구조와 매우 유사하다. 그러므로 컴퓨터와 인공지능 기술에 대한 지식을 소스 도메인으로 삼고, 칸트 철학의 내용을 타깃 도메인으로 하여 칸트 철학을 이해할 수 있다. 이런 유추 기법은 매우 효과적이어서 칸트 철학의 복잡함과 난해함이 단순해지고 쉬워진다. 어째서 철학자들은 유추를 하지 않는가?

칸트 자신이 그랬던 것처럼, 철학자들이 당대의 과학과 기술 지식에 더 관심을 갖고 밀접해지기를 희망한다.

2

단어 토폴로지

단어의 의미적 위상 분석의 필요성

철학은 언어 활동이다. 철학자들은 언어 활동을 통해 의미를 전한다. 철학자마다 진리, 선함, 아름다움에 대해 다른 견해를 나타낼 수 있고, 세계의 근본과 우주의 섭리와 인생의 목표에 대해 다채로운 주장을 피력할 수 있다. 견해와 주장이 달라도 저마다 명쾌함이 있고 설득력도 있다. 그러나 인간의 언어가 완벽하지 않은 데다가 번역 과정을 통해 출발 언어는 도착 언어에 의해 변화를 겪는다. 변화 과정은 순탄하지 않다. 번역은 단순히 언어만 바뀌는 것이 아니다. 출발 언어의 시공간이 도착 언어의 시공간으로 바뀐다. 그런데 **의미의 시공간에는 실로 많은 것이 있다.** 언어에 영향을 미치는 사회, 문화, 관습, 상식이 상실될 수도 있고, 변형되거나 오염되거나 가미될 수도 있다. 이런 객관적인 요소뿐 아니라, 번역자 개인의 취향과 생각이라는 주관적 요소가 언어의 시공간을 휘젓고 다닐 수도 있으니, 번역이란 참으로 어려운 일이다. 번역 자체가 어려운 게 아니다. 단어의 의미를 제대로 유지하는 게 어렵고, 출발 언어에서 사용된 단어에 담겼던 그 철학의 명쾌함과 설득력을 보전하는 작업이 어렵다는 것이다. 그럼에도 누군가는 번역해야 하며, 또 누군가는 검증해야 한다.

단어는 의미의 시공간에서 저마다 위상을 갖는다. 단어는 사전에 적힌 의미만이 아니라 위상도 갖는다. 예컨대 '하나됨'이라는 단어는 그 자체로 의미가 분명하다. '어떻게, 왜'라는 설명이 더해지지 않더라도 의미를 전하는 데 어려움이 없다. 반면 '통일'이라는 단어는 '하나됨'이라는 의미를 갖고 있을 뿐더러, 어떤 조화로움도 포함하는 단어이다. 특히 남북이 대치하는 정치적 상황으로 말미암아, 한국인에게 '통일'이라는 단어는 항상 '어떤 통일인가?'라는 의문을 수반한다. 다시 말하면, 어떤 단어는 그 자체로 완벽한 의미를 갖지만, 또 어떤 단어는 다른 단어가 보충해 주지 않으면 의미가 모호하다. 즉, 단어마다 의미의 명쾌함과 모호성에 관한 위상이 다르다. 또한 같은 의미여도 어떤 단어는 난해하고, 어떤 단어는 쉽다. 난이도의 위상이 단어마다 달라진다. 이 두 가지의 위상은 도착 언어 자체의 위상이다. 출발 언어와 관계하지 않는다. 그렇다면 출발 언어와 관계하는 위상도 있지 않을까?

사전에서 어떻게 정의하고 있든, 출발 언어와 매칭되는 도착 언어의 정합도가 단어마다 다를 수 있다. 대체로 오역은 이 정합도에서 발생한다. 순수이성의 discipline을 번역할 때 {훈육, 훈련, 수양}이라는 단어에서 선택한다고 가정하자. 그런데 순수이성은 타율적이지 않고 자율적인 속성을 지녔다는 점을 주목한다면, 출발 언어에 대한 정합도 면에서, '타율성'이라는 의미가 들어가 있는 훈육이나 훈련보다는 '자율성'이라는 의미가 더 진한 수양이라는 단어를 선택하는 것이 좋다. 사전에 등재되어 있는 표현이라는 사실만으로 그 표현이 좋은 번역어가 되는 건 아니다. 예를 들어 상상력의 reproduction이라는 기능을 지금껏 학자들은 '재생'으로 번역했다. 그러나 머릿속에 이미 표상으로 재생되어 있는 것을 다시 재생한다는 것이 이치에 맞지 않다. 칸트 철학에서 상상력은 머릿속에서 감각 영역에 있는 데이터를 지식 영역으로 가져오는, 즉 다리를 놓아주는 역할을 한다. 지식은 감각 데이터를 직접 처리할 수 없기 때문에, 감각 데이터를 지식이 처리할 수 있는 변환 데이터로 압축하고 복제하는 과정이 필요하다. 그렇다면 '복제'라는 단어를 선택하는 것이 정합도가 우수한 번역이다. 컴퓨터를 포함한 인공지능 시스템의 데이터 처리에서도, 외부로부터 수신한 데이터는 반드시 복제되어 프로세서에 제공돼야 함을 연상하면, 쉽게 납득할 수 있다.

옛 일본 학자들은 dialectic을 '변증'으로 번역했다. 그 실질은 '모순' 혹은 '양비론'이다. 그러나 변증이라는 말은 — 설령 그 의미를 정확하게 이해하는 사람이 드물더라도 — 다양한 지식 세계에서 너무나 오랫동안 광범위하게, 다양한 의미로, 사용되어 왔다. 그렇다고 자명한 오류가 있는 것도 아니다. 따라서 모순이나 양비론이라는 단어가 dialectic이라는 출발 언어에 정합도가 더 좋다 하더라도, 그렇게 번역하면 사람들의 소통을 방해할 것이다. 적절한 주석이 필요한 단어이다. 한편 apperception은 정합도 면을 고려하자면 '지각'으로 번역함이 타당하다. 그러나 오랜 세월 '지각'이라는 단어를 perception의 번역어로 잘못 사용해 왔다는 관습의 문제가 있다. 나는 이 관습을 존중해야 하는가, 아니면 올바른 번역을 선택해야 하는가로 오랫동안 정신적으로 방황했다. 앞선 사람들에 대한 존중을 우선할 것인가, 아니면 다음 세대를 위해 책임있는 행동을 할 것인가? 초판에서는 소통의 불이익을 염려하여 전자를 선택했다. 개정판에서는 후자를 선택한다.

초판의 단어 토폴로지

나는 초판에서 의미의 시공간을 **4차원의 좌표를 갖는 공간**으로 정의한 다음에, 번역어를 검증했다. 이런 정의에 따르면, 단어는 저마다 위상을 갖고, 그것은 단어마다 4개의 좌표 값으로 구성되는 하나의 위상을 갖는다는 것이다. 이런 생각으로 무엇이 한국인에게 바람직한 철학 용어 번역인지 이러한 위상 분석을 통해 도출해 보았다. 의미 모호성(명백하거나 의심스럽거나)과 난이도(쉽거나 어렵거나)는 도착 언어, 즉 우리말에 관한 위상이다. 정합도(의미에 맞거나 맞지 않거나)와 오해 가능성(의사소통에 이익이 되거나 장애가 되거나)은 출발 언어와의 관계에 관한 위상이다. 나는 이러한 항목의 위상을 탐구하는 것을 '**단어 토폴로지Word Topology**'라 칭하면서, 각 항목을 행렬의 성분으로 갖는 2x2 행렬로 수학적 모델링을 시도했다. 즉, 단어 토폴로지에서 각각의 단어는 위상값(W_p)

을 갖고, 그 위상값은 다음과 같이 나타낼 수 있다.

$$W_p = \begin{pmatrix} \textit{의미모호성} & \textit{난이도} \\ \textit{정합도} & \textit{오해가능성} \end{pmatrix}$$

위와 같은 행렬을 기호로 표시해 보자. 의미 모호성을 W_a, 난이도를 W_d, 정합도를 W_c, 오해 가능성 W_m로 나타낼 수 있다. 지금껏 학자들은 하나의 요소, 즉 W_c만을 생각하면서 철학 용어를 번역하고 검증해 왔으나, 우리는 4개의 요소를 모두 고찰한다. W_p는 다음과 같다.

$$W_p = \begin{pmatrix} W_a & W_d \\ W_c & W_m \end{pmatrix}$$

또한 행렬을 분리하여 2개의 성분으로 좀 더 간단하게 나타낼 수 있다.

$$W_{p1} = \begin{pmatrix} W_a \\ W_c \end{pmatrix}$$

$$W_{p2} = \begin{pmatrix} W_d \\ W_m \end{pmatrix}$$

$$W_{1p} = \begin{pmatrix} W_a & W_d \end{pmatrix}$$

$$W_{2p} = \begin{pmatrix} W_c & W_m \end{pmatrix}$$

이처럼 단어 토폴로지를 단순화하면, 단어의 위상을 기하학적으로 표현하는 데 유리하다. W_{p1} 또는 W_{2p}의 경우 정확한 번역 여부만을 분리해서 위상 분석을 하는 데 좋고, W_{1p}는 쉬운 번역에 초점을 맞추는 위상 분석에 유리하다. 2차원이라면 xy 좌표계를 이용하여 위상을 시각적으로 나타낼 수 있다.

행렬의 성분 값은 낮을수록 좋다. 다시 말하면 숫자가 커질수록 나쁜 번역이다. 분석의 단순화를 위해 그 값은 0~4 범위의 정수로 정했다.

모호성 W_a

0	1	2	3	4
의미가 자명함	자명하지는 않지만 명확함	의미가 조금 모호함	의미가 많이 모호함	의미가 불명확함

난이도 W_d

0	1	2	3	4
초등학생도 아는 수준	중학생 수준의 난이도	고등학생 수준의 난이도	대졸자 수준의 난이도	전문가 수준의 난이도

정합도 W_c

0	1	2	3	4
출발 언어와 의미가 일치	동일성 범위 안에 있음	의미가 약간 불일치	유사하지만 의미가 다름	오역

오해가능성 W_m

0	1	2	3	4
아무 문제 없음	약간 있으나 소통에 어려움이 없음	소통을 위해 주석이 필요함	소통에 혼란을 초래할 우려	소통 불가

위와 같은 단어 토폴로지에서 어느 하나의 위상에서든 3 이나 4에 해당하는 점수가 하나라도 있으면 의미를 제대로 전하지 못하는 단어라는 점에서 나쁘다. 철학을 매우 어렵게 만드는 단어이기 때문에 대안을 탐색하는 것이 좋다.

가장 이상적인 단어의 위상값은 아래의 W_i이다.

$$W_i = \begin{pmatrix} 0 & 0 \\ 0 & 0 \end{pmatrix}$$

최악의 번역에 해당하는 단어의 위상값은 아래의 W_w이다.

$$W_w = \begin{pmatrix} 4 & 4 \\ 4 & 4 \end{pmatrix}$$

만약 아래와 같은 단어 위상값의 번역어라면 더 나은 번역어가 등장하지 않는 한, 어느 정도 불편함을 감수하더라도 번역어로 사용할 수는 있을 것이다.

$$W_1 = \begin{pmatrix} 2 & 2 \\ 2 & 2 \end{pmatrix}$$

그러나 3 또는 4가 등장하는 다음과 같은 번역어라면, 설령 0과 1이라는 위상 값이 있더라도, 다른 번역어를 탐색하는 것이 바람직하다. 예컨대 W_2는 번역어의 의미가 많이 모호하다는 점에서, W_3의 경우 독자들의 일상 언어 수준을 지나치게 뛰어넘는다는 점에서, W_4는 오역의 가능성이 크다는 점에서, W_5는 도착 언어로 출발 언어의 메시지를 전하는 소통이 불가능하다는 점에서, 지식을 전하는 번역에는 합당하지 않다.

$$W_2 = \begin{pmatrix} 3 & 1 \\ 1 & 1 \end{pmatrix}$$

$$W_3 = \begin{pmatrix} 2 & 4 \\ 1 & 2 \end{pmatrix}$$

$$W_4 = \begin{pmatrix} 0 & 0 \\ 3 & 2 \end{pmatrix}$$

$$W_5 = \begin{pmatrix} 1 & 1 \\ 1 & 4 \end{pmatrix}$$

그리고 초판에서 이러한 단어 토폴로지 모델에 기초해서

임마누엘 칸트의 〈순수이성비판〉 한국어 번역을 통해 검증 작업을 수행했다. 그것은 그것대로 의미가 있었다. 특히 어떤 단어의 의미적 위상을 분석하는 알고리즘을 설계하고, 그것에 따라 인공지능이 번역 작업을 하는 경우를 감안한다면 그러하다.

개정판의 단어 토폴로지

앞에서 설명한 단어 토폴로지는 다양한 차원에서 번역어 선택과 검증에 이롭다는 장점이 있었다. 특히 인공지능의 행렬 연산에서 매우 이로울 것이다. 초판을 저술할 당시, 나는 단어 토폴로지가 소프트웨어 개발자에게 전해지기를 희망했다. 장차 우리 한국인은 인공지능의 번역 결과에 더욱 의존할 것이다. 그렇다면 인공지능이 한국인을 위해 더 나은 단어를 제공해 줘야 한다. 2x2 행렬 정도의 연산 설계라면, 설령 적지 않은 금전적인 선행 투자가 필요할지라도, 인공지능 개발자들에게 어려운 일은 아니리라 생각했다. 하지만 인간의 머리는 3차원 이상의 것을 쉽사리 연상하지도 처리하지도 못한다. 그런데 초판의 단어 토폴로지는 4차원이어서 그 위상을 그래프로 표현할 수 없었고, 독자 자기 머릿속에서 단어 위상을 그려보는 것도 불가능했다. 그저 독자들은 행렬의 숫자만을 감상할 수 있을 뿐이었다. 부끄럽게도 나는 인공지능 알고리즘 개발이라는 신기루 같은 희망 때문에, 독자에게 더 편리한 수단을 말하지 못했던 것이다.

개정판은 4차원 단어 토폴로지를 2차원 단어 토폴로지로 변경해서 〈순수이성비판〉 한국어 번역어를 분석하고 검증한다. 우리에게 매우 익숙한 (x,y) 좌표평면으로 도식화할 수 있으니, 그 유용함 면에서 초판의 단어 토폴로지보다 훨씬 개선된 것 같다. 다시 말하면, 아래의 행렬에서 W_a(모호성)과 W_d(난이도)를 하나로 합쳐서 x값으로 삼고, W_c(정합성)과 W_m(오해가능성)을 합쳐서 y값으로 삼았다.

$$W_p = \begin{pmatrix} W_a & W_d \\ W_c & W_m \end{pmatrix}$$

그러면 행렬은 (x,y)의 좌표로 간소화할 수 있다. 문자로 표현하면 (난해, 오해)의 형식이다. 그리고 (x,y)가 표시되는 평면을 '**단어 토폴로지 평면**'으로 명칭한다.

$$Wp = (x, y)$$

또한 크기도 0~4의 숫자 5개가 아니라, 0~3으로 숫자 4

개의 정수로 이루어진 좌표값으로 모델링을 했다. 그러면 단어 토폴로지 평면에서 16개의 점이 찍힌다. 이와 같은 단어 토폴로지는 '난해'와 '오해' 두 개의 요소로만 번역을 고찰함으로써, 단어의 위상을 **시각화**할 수 있고, 관습적으로 사용되어 온 번역어와 내가 제안하는 번역어를 더 **직관적으로 비교**할 수 있는 이점이 있다.

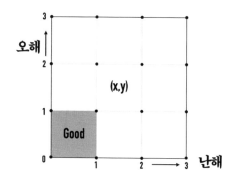

정수의 의미는 다음과 같이 가정한다. x값, 즉 난해함의 정도는 다음과 같다. 0과 1이 번역어로서 바람직하고, 2와 3은 바람직하지 않다.

0	1	2	3
그 의미가 초등학생도 알 정도로 자명함	약간의 의미상 고민이 필요하지만 중학생 수준의 난이도	고등학생 수준의 난이도가 있는 단어. 의미적 모호함이 있기 때문에, 문맥을 고려하면서 더 많은 생각이 필요한 경우	꽤 높은 관심과 어휘력과 전문 지식이 필요한 수준. 단어 자체의 난이도는 낮지만 그 의미가 잘못 사용된 경우도 포함

y값, 즉 오해의 가능성에 관한 점수는 다음과 같다. 0과 1은 번역어로서 바람직하고, 2와 3은 바람직하지 않다.

0	1	2	3
출발 언어와 의미가 일치할 뿐만 아니라, 다르게 해석될 가능성 없음	출발 언어와 다소 차이가 있어도 동일성 범위로 의미가 같고, 주석을 통해 의미적 동일성이 뒷받침될 수 있음	의미가 중대하게 혹은 현저하게 달라졌거나, 오해의 여지가 있어서 소통 혼란을 예방할 조치가 계속 필요함	원문의 메시지를 전하려면 전문가 수준의 사전 지식이 필요함

이와 같이 함으로써 16개의 좌표를 시각적으로 나타낼 수 있다. 다음은 단어 토폴로지 평면을 도식화한 것이다. 바람직한 번역어는 (0,0), (1,0), (0,1), (1,1), 4개이다. 나머

지 12개의 점으로 위상을 표현한 단어는 개선이 필요하다. 완전 잘못된 번역어는 단어 토폴로지 평면 바깥에 눈물 점으로 표시한다.

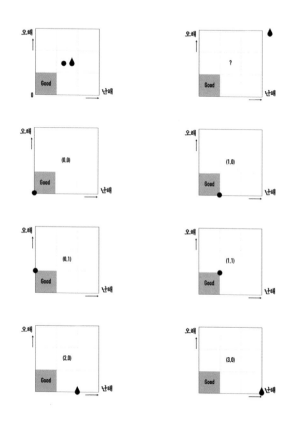

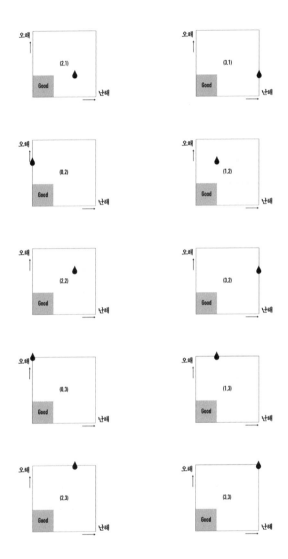

단어 토폴로지 검증

이제 단어 토폴로지를 이용해서 칸트의 〈순수이성비판〉의 주요 번역어를 분석하고 검증해 보자. 〈순수이성비판〉이 인류사에서 가장 빛나는 철학서 중 하나이기도 하고, 현대 철학에 입문하는 출입문 역할을 하는 중요한 책이기 때문이기도 하지만, 사람들이 이 책을 일컬어 가장 난해한 철학 책이라고도 하고, **칸트 철학 전공자조차** 일반인이 '읽을 수 없는 책'이라고 태연하게 말하니, 그 말이 과연 사실인지 검증하고 싶기 때문이었다. 이런 검증 작업을 통해서 한국인이 한국어로 번역된 철학 책을 제대로 읽을 수 없는 실증적인 이유가 밝혀질 것이다.

나는 펜실베니아 대학의 폴 가이어 교수와 예일 대학의 알렌 W. 우드 교수가 영어로 번역한 1998년 캠브리지 대학 출판사의 〈순수이성비판〉 영어 번역 판본과, 펜실베니아 주립 대학의 베르너 S. 플루하르 교수가 번역한 1996년 해켓 출판사 영어 번역 판본을 동시에 읽으면서 번역의 저본으로 삼았다. 칸트의 의미를 전달하는 관점에서는 플루하르 판본이 우수하고, 칸트의 표현을 전달하는 관점에서는 가이어와 우드의 판본에 더 장점이 있다. 한국어 번역본으로는 아카넷 출판사의 백종현 번역과 박영사의 최재희 번역을 비교했다. 이 검증 작업은 오역의 여부를 심판하려는 것이 아니었기 때문에(내게 그럴 자격도 없다), 나는 문장이나 단락까지 작업 대상을 확장하지 않고, 단어가 어떻게 번역되고 있는지만을 분석하고 비교했다. 오늘날 인류의 중요한 지식은 오랜 시간을 걸쳐 영어로 번역되고 검증되어 왔기 때문에, 설사 〈순수이성비판〉이 독일어로 적혔을지라도, 영어와 한국어 비교는 상당한 의미가 있다. 특히 영어에 익숙한 독자들이 자연스럽게 번역 검증에 동참할 수 있다는 장점이 있음은 앞에서도 밝혔다. 이런 장점은 독일어 단어에서는 기대할 수 없다.

한편 1881년 일본에서 발행된 철학사전[1]과 메이지 시대 번역가 니시 아마네에 관한 여러 일본어 자료와 논문들을

---

[1] 동경대학3학부, 〈철학자휘〉, 메이지 14년(1881년).

참고했다. 작업 내내 내 머릿속에서는 마치 옛 독립운동가 정신이 깃드는 기분이 들었다. '정말이지, 이 나라에서 제대로 철학 번역을 해내려면 우리는 일본어의 족쇄를 끊어야 한다, 앞서간 일본인이 (그들도 무슨 말을 하는지 제대로 이해하지 못하고) 만들어 놓은 (그들의 후손조차 벗어나지 못한) 언어의 덫에서 빨리 벗어나야 한다'는 생각이었다.

번역어 분석 작업 일람

만약 독자가 예컨대 여러 단어의 의미를 명확히 알지 못한 상태에서, 그 단어들이 합계 오천 번 이상 나타나는 철학 책을 읽는다면, 독자는 그 책을 제대로 읽지 못할 것이다. 왜냐하면 독자는 의미의 숲 속에서 오천 번을 헤매야 하기 때문이다. 독자들이 철학 책을 읽으면서 매우 공평하게 빠지고 마는 이런 '문해력 문제'는 저자 탓도 독자 탓도 철학이라는 학문 탓도 아니다. 그저 일본식 단어에서 벗어나지 못한 번역이 빚어낸 해프닝, 슬픈 해프닝이다. 이 책에서 분석한 40개의 단어 일람을 다음과 같이 정리해 보았다. 나는 내가 제안한 번역어가 반드시 채택돼야 한다고 주장하지는 않는다. 그러나 적어도 기존 번역어를 만날 때마다 내가 제안한 단어로 바꿔 이해하면 도움이 되리라 생각한다.

	영어번역	우리말 번역 (코디정 제안)	기존 번역 1
1	**Mind**	머리	마음
2	**Spirit**	영	정신
3	**Soul**	정신 ǀ 영혼	영혼
4	**Sensitivity**	감수성	감성
5	**Understanding**	지식	지성
6	**Perception**	포착	지각
7	**Apperception**	지각	통각
8	**a priori**	경험 무관한	선험적
9	**Transcendental**	초월적	초월적
10	**Transcendent**	초경험적	초험적
11	**Form**	형식	형상

쪽수	기존 번역 2	의미 (순수이성비판에서)
128	심성	인간 정신 일반을 가리키며 생각하는 곳
134	—	신령한 것. 모든 사람에게 동일하게 있거나 있다고 여겨진다.
141	—	인간 정신(살아있는 경우), 영혼(죽은 경우)
147	—	생각의 재료(데이터)를 '수용'하는 머리의 요소
150	오성	머리 안으로 들어온 데이터에 기존 개념을 적용함으로써 그 데이터를 '판단'하는 머리의 요소
157	—	머릿속 감각 데이터 중에서 필요한 것만 선별하여 수집된 데이터로서 지식 시스템에 전달되는 것. 아직 앎에는 이르지 못한 데이터이다.
162	—	포착된 데이터에 하나 이상의 개념을 적용함으로써, 비로소, 앎에 이르게 하는 인간의 의식
167	선천적	개념, 판단, 인식 등에서 경험과 무관한 성격
176	선험적	어떤 대상 인식에 관해, 경험의 장벽 혹은 한계를 넘어, 사람 사이에서 발생하는 어쩔 수 없는 차이를 극복하는, 즉 인식 주체 사이에 놓인 경험 장벽을 넘어서는, 다시 말해 '인류 공통의'라는 뜻. '한계를 넘음'의 긍정적인 의미로 사용된다.
187	—	머리 밖 사물 그 자체, 혹은 경험할 수 없으며, 경험으로 검증할 수도 없는 것의 성격. '한계를 넘음'의 부정적인 의미로 사용된다.
189	—	모든 대상에 동일하게 적용되는 생각의 형식

	영어번역	우리말 번역 (코디정 제안)	기존 번역 1
12	**Matter**	재료 ǀ 내용	질료
13	**Idea**	이데아	이념
14	**Substance**	본질	실체
15	**Accidents**	비본질	우유성
16	**Reality**	실체	실재성
17	**Thought**	생각	사고
18	**Canon**	규범	규준
19	**Maxim**	좌우명	준칙
20	**a being**	존재	존재자
21	**Extension**	크기	연장
22	**Intension**	세기	밀도

쪽수	기존 번역 2	의미 (순수이성비판에서)
193	—	모든 대상에서 다르게 나타나는 생각의 내용
196	—	플라톤의 그 이데아. 이성이 머릿속 순수 지식 개념(범주)을 연결함으로써 생각을 도약시켜 만들어내는 초경험적인 사유물. 이러한 순수 이성 개념으로서 이데아는 신, 자유, 영혼의 불멸이다.
202	—	머릿속 범주 중 하나로, 시간 순서 속에서 변하지 않는 본질을 가리킴
209	—	본질과 결합하는 요소로서 머릿속 범주 중 하나. 시간 순서 속에서 변하는 부분을 가리킴
212	—	머리 바깥에서 실제로 존재하는 성질
217	—	대상에 개념을 부여하는 것. 즉 생각의 대상에 대한 판단을 하는 행위
219	—	지켜야 하는 기준
222	격률	행위에 관한 개인의 머릿속 원리
226	—	현실 속에 있는 존재
229	외연	공간을 차지하는 크기. 머릿속에서는 '있음'이 시작된다는 표시로 나타난다.
233	내포	머릿속에 남아있는 감각의 선명함의 정도. 머릿속에서는 '있음'의 정도를 나타내는 표시로 나타난다.

	영어번역	우리말 번역 (코디정 제안)	기존 번역 1
23	**Unity**	하나(됨)	통일
24	**Modifications**	변환물	변양
25	**Manifold**	다양함 (다양한 표상)	잡다
26	**Apprehension**	탐색	포착
27	**Reproduction**	복제	재생
28	**Schema**	윤곽	도식
29	**Anticipation**	예감	예취
30	**Noumenon**	사유물	예지체
31	**Universal Judgment**	보편 판단	전칭 판단
32	**Particular Judgment**	개별 판단	특칭 판단

쪽수	기존 번역 2	의미 (순수이성비판에서)
243	—	대상에 관한 여러 데이터가 한데 모여서 하나가 됨. 머리 바깥의 생각의 대상이 하나라면, 그것에 대해 아무리 많은 데이터가 머리 안쪽으로 들어오더라도, 결국 그 데이터가 머리 안에서 하나로 합쳐져서 생각도 하나가 되어야 한다. 인간 의식이 Unity 기능을 갖기 때문에, 인간의 생각은 객관적 실체를 갖게 된다.
248	—	바깥에 있는 사물이 직관을 통해 머릿속으로 들어와 (시간, 공간) 형식의 데이터로 바뀌는 것
251	다양	직관을 통해 머리 안으로 들어와 있는 이런저런 감각 데이터
256	각지	다양한 감각 데이터 중에서 생각의 대상이 될 것만을 선별해서 한데 모으는 것
260	—	감수성 영역에서 지식 시스템으로 데이터를 가져오는 것
270	—	지식 시스템 안으로 가져온 데이터에 의미의 실루엣을 부여하는 범주(순수 지식 개념)의 기능
275	선취 | 예료	감각의 정도가 (사라지리라 혹은 나타나리라) 바로 분별할 수 있도록 하는 개념의 기능
281	가상체	인간의 머릿속에서, 직관의 제약을 벗어나 초경험적으로 생각해 낸 것
310	—	'모든'으로 시작하는 명제
313	—	'어떤'으로 시작되는 복수 주어가 포함되는 명제

	영어번역	우리말 번역 (코디정 제안)	기존 번역 1
33	**Singular Judgment**	단일 판단	단칭 판단
34	**Infinite Judgment**	긍정부정 판단	무한 판단
35	**Categorical Judgment**	무조건 판단	정언 판단
36	**Hypothetical Judgment**	조건 판단	가언 판단
37	**Disjunctive Judgment**	선택 판단	선언 판단
38	**Problematic Judgment**	미정 판단	미정 판단
39	**Assertoric Judgment**	확정 판단	확정 판단
40	**Apodictic Judgment**	필연 판단	명증 판단

쪽수	기존 번역 2	의미 (순수이성비판에서)
316	—	하나의 주어를 판단하는 명제
320	—	긍정문이지만 부정적인 의미를 포함하는 명제
322	—	조건이 없는 명제
328	—	조건이 있는 명제
331	—	'또는'이 들어가는 명제
334	개연 판단	아직 정해지지 않은 추측 의미의 명제
337	실연 판단	의미가 딱 정해진 명제
340	필연 판단	의미가 딱 정해졌을 뿐만 아니라 반드시 그래야 하는 명제

주요 철학 용어 풀이

철학 책을 읽을 때 등장하는 몇몇 철학 용어를 해설한다. 우리는 대체로 단어의 의미를 안다. 그러나 잘못 알고 있는 경우도 있고, 그 뜻을 불명확하게 이해하고 있는 경우도 있기 때문에, 철학 책이 어렵게 느껴진다. 사전을 찾아보면 단어의 뜻풀이 자체가 이해되지 않기 때문에, 결국 사전을 찾아볼수록 오히려 무슨 말인지 모르게 된다. 그래서 철학 용어들은 가급적 쉬운 우리말로 풀어서 이해할 필요가 있다. 그래야 그 용어들이 머릿속에 오래도록 기억되며, 또한 그래야만 비로소 철학 지식이 우리들의 정식적 양식이 된다.

	철학 용어	의미
1	**Object** / **대상**	철학에서 대상이란 앎의 목표가 되는 사물이나 기억을 말한다. 나(주관)를 기준으로 내 바깥에 있는 사물은 '외부 대상', 내 안에 있는 기억은 '내적 대상'이 된다. 칸트에게 앎의 대상은 바깥에(혹은 내 안에) 존재하는 '대상 그 자체'가 아 니라, 내 머릿속에 나타난 그 대상의 모습, 즉 '현상'이다.
2	**Object in general** / **대상 일반**	특정 대상에 대한 게 아니라, '모든 대상'에 적용된다는 맥락으로 사용될 때의 표현.
3	**Experience** / **경험**	철학에서 말하는 경험이란, 우리가 일상 생활에서 말하는 '체험'의 의미와는 달리, **머릿속에서 일어나는 과정**을 가리킨다. 즉 감각을 통해 어떤 대상에 관한 데이터가 머리 안으로 들어와 의식에 전달되기까지의 머릿속 활동을 경험이라고 부른다. 그래서 칸트는 우리 머리가 '대상과 관계 맺는 것'을 경험이라고 했다. 외부 대상에 관해서는 외부 경험, 우리들 머릿속 내적 대상에 관해서는 내적 경험.
4	**Experience in general** / **경험 일반**	특정 경험에 국한되지 않고, 모든 경험에 적용된다는 맥락으로 사용되는 표현.

	철학 용어	의미
5	**Representation** 표상	'표상'이라는 단어가 등장하면 **머릿속에 있는 것**으로 바꿔 이해한다. 생각되기 전의 것이든 생각된 것이든, 단어이든 이미지든 불문하고, 머릿속에 있는 것이라면 표상이라 부른다. 따라서 표상은 직관이니 현상이니 개념이니 판단이니 하는 인간 머릿속에서 명칭을 갖는 모든 것 중에서 가장 넓은 의미를 갖는다.
6	**Represent** 표상하다	'머릿속으로 가져오다'로 바꿔 보자. 그러면 철학 문장이 쉽게 이해가 된다. 예를 들어 〈우리는 바깥에 있는 대상을 우리 자신에게 표상한다〉라는 문장은 〈우리는 바깥에 있는 대상을 우리 자신의 머릿속으로 가져온다〉라는 뜻이다.
7	**Pure** 순수	철학에서 말하는 순수란 '경험이 섞이지 않은'의 의미이다. 그러므로 '순수'라는 말이 나오면 반대 쌍으로 '경험'이라는 단어를 떠올리는 것이 좋다. 인간 경험에 의해 영향을 받지 않는다는 것, 따라서 모든 사람에게 동일하게 적용된다는 뜻이 된다. 수학이나 자연과학의 지식 대부분이 순수하다. 그러나 인간 머릿속에서 순수한 것은 얼마나 많을까? 매우 적다. 머릿속에는 '순수 직관'과 '순수 개념'이 있는데, 칸트는 〈순수이성비판〉에서 각각 2개와 12개를 제시한다.

	철학 용어	의미
8	**Intuition** **직관**	철학에서 말하는 직관은 일상적인 의미와 다르다. 사람들은 직관을 무엇인가 빠르게 알아채는 능력으로 이해한다. 그러나 철학에서는 그저 생각되기 전의 감각적인 것을 뜻하기 때문에, 앎 이전의 상태일 뿐이다. 직관하자마자 앎까지 이르는 존재는 오직 신밖에 없다. 명사로 쓰이는 경우 〈개념을 적용하기 이전의 이런저런 감각 데이터〉, 동사로 쓰이는 경우 〈머릿속으로 떠올리기〉로 바꿔 이해하면 대략 맞다.
9	**외부 직관**	외부에 있는 대상을 감각을 통해 머릿속으로 가져온 것
10	**내적 직관**	내 기억 속에서 무언가를 떠올리는 것. 예를 들어 무엇인가를 머릿속 공간에 그려보거나, 무엇인가를 머릿속 시간 속으로 가져오는 것을 뜻한다.
11	**Pure Intuition** **순수 직관**	순수 직관이란 인간의 머릿속에 선천적으로 새겨져 있는 **'감각 형식'**을 의미한다. 칸트 철학에서 이런 순수 직관은 시간과 공간뿐이기 때문에, 어렵게 생각하지 말고, '순수 직관'이라는 단어가 나오면, '시간과 공간'으로 바꿔 이해한다. 무엇인가를 직관한다는 것은, 그 무엇인가를 시간과 공간 형식으로 떠올린다는 의미이다. **직관의 내용**은 경험적인 것이며, 무수히 많고, 당연히 순수하지도 않다.

	철학 용어	의미
12	**Appearance** 현상	철학에서 현상이란 '생각의 대상이 되는 표상'을 일컫는다. 인간의 생각이란 유령처럼 다가가 사물을 파헤치는 게 아니라, 그 사물을 머릿속 데이터로 가져온 다음에, 머릿속에서 그것을 생각하는 것이니, 올바르게 말하자면 인간의 지식은 사물 그 자체가 아니라 현상에 관한 지식이 된다.
13	**Appear** 현상하다	어떤 대상이 머릿속에 나타난다는 의미. 어렵게 생각하지 말자. '현상하다'는 이렇듯 간단한 뜻의 단어다.
14	**Concept** 개념	개념이란 '의미를 갖는 단어'를 뜻한다. 직관에 개념을 적용하는 것이 바로 생각이다. 생각하는 인간은 단어의 견고한 족쇄에서 벗어날 수 없기 때문에, 복잡하고 어려운 단어를 쓰는 사람은 명쾌하고 쉬운 생각을 할 수 없다. 개념이 없다면 생각을 못하고, 개념이 잘못되면 생각도 잘못되며, 개념이 이상하면 생각도 이상해진다. 대부분의 개념은 '경험 개념'을 뜻한다. 인간 머릿속에는 무수히 많은 단어가 들어있고, 그런 단어들은 경험을 통해 생겨난다. 그런데 경험이 다르면 동일한 개념일지라도 그 의미가 달라질 수 있다. 사고력은 어휘력을 사용하는 능력이다.
15	**Pure Concept** 순수 개념	모든 인간의 머릿속에 들어있는 타고난 개념.

	철학 용어	의미
16	**Pure Concept of Understanding** 순수 지식 개념	모든 인간의 머릿속에 들어있는 타고난 개념 중에서, 인간의 **'대상 인식(즉 판단) 과정'에서 '먼저' 활약**하는 개념. 칸트는 12개의 순수 지식 개념을 제시한다. 학자들은 '순수 오성 개념' 혹은 '순수 지성 개념'이라 칭한다.
17	**Category** 범주	범주란 순수 지식 개념과 같은 의미의 단어다. 칸트는 〈순수이성비판〉 초월적 논리편에서 양의 범주 3개, 질의 범주 3개, 관계의 범주 3개, 양상의 범주 3개, 합계 12개의 범주가 인간 머릿속에 존재함을 자세히 논증, 분석한다.
18	**Reason** 이성	인간 머리의 요소 중에서 지금 여기에서 다른 시공간으로 생각을 도약시키는 역할을 하는 요소. '지금 여기'에서 대상을 그저 판단하기만 한다면, 그건 이성의 역할이 아니다. 이성은 — 좋든 나쁘든 옳든 틀리든 선이든 악이든 — 끊임 없이 과거와 미래를, 이 장소와 저 장소를, 이 지식과 저 지식을 넘나드는 본성을 갖고 있다. 아무렇게나 생각이 도약하는 건 아니니 원리가 필요하다. 이성 덕분에 모든 학문과 종교가 탄생한다.
19	**Reasoning** 추론	추리	지금 여기에서 벗어나 다른 시공간으로 생각을 옮기는 이성의 모든 활동을 뜻한다.

	철학 용어	의미
20	**Pure Reason**	순수 이성이란 경험이 섞이지 않은 이성을 뜻한다. 그래서 모든 인간의 머릿속에서, 한편으로는 **'경험 일반'**을 가능하게 하며, 다른 한편으로는 초경험적인 추론을 가능하게 하는 이성 능력이다. 우리가 흔히 말하는 이성은 경험적 이성을 뜻한다. 경험적 이성은 사람마다 다른 생각과 행동을 낳는다. 그러나 순수 이성은 모든 사람에게 공통으로 나타난다.
	순수 이성	
21	**순수이성비판**	순수 이성이 하는 비판이 아니라, 순수 이성에 대한 비판을 뜻한다. 일반적으로 칸트가 저술한 책을 뜻하며, 이 책은 형이상학 책이자 논리학 책이라는 성격을 갖는다.
22	**Judgment**	판단이란 어떤 대상을 생각하는 것이다. 판단은 대상에 개념을 적용하는 방식으로 행해진다. 어떤 개념을 적용했느냐, 그 개념의 의미가 무엇이냐에 따라 사람마다 판단이 달라진다. 판단 = 생각 = 문장 = 명제의 관계가 있다.
	판단	
23	**판단력**	인간 지식 시스템에서, 감수성 영역에 있는 데이터에, 개념을 부여하는 능력을 말한다. 알고 있는 개념을 사용하면 규정적 판단력, 기존 개념이 아닌 새로운 개념을 사용하면 반성적 판단력이라고 한다. 판단력 = 사고력 = 개념 능력의 관계가 있다.

	철학 용어	의미
24	Imagination 상상력	인간의 머릿속은 크게 두 가지 시스템이 작동한다. 데이터를 수용하는 감수성 시스템과 그 데이터를 판단하는 지식 시스템이다. 이 두 개의 시스템은 성격이 완전히 달라서 **서로 분리되어 있다.** 이 분리된 두 시스템을 연결해 주는 무언가가 필요하고, 그런 역할을 하는 지식 시스템의 능력을 일컬어 칸트는 상상력이라 불렀다. 상상력은 감수성 시스템에 있는 데이터를 선별해서 한데 모아 지식 시스템 안으로 가져오는 압축 기능과, 지식 시스템 안에 들어온 데이터에 개념의 윤곽을 부여하여 압축을 푸는 기능을 한다. 그런 다음 판단력이 작용한다. 상상력에 대한 더 자세한 설명은 260쪽을 보라. 최재희는 일본식 한자어인 '구상력'으로 번역했고, 지금도 '구상력'이라는 용어를 사용하는 사람들이 있다.
25	Proposition 명제	판단을 '논리학 용어'로 다시 표현한 것. 칸트가 사용하는 일반 논리학에서 판단과 명제는 동의어이다. 대상을 주어로 보고, 그 주어에 어떤 개념을 술어로 연결해서 문장을 만들었다면, 그 문장이 명제이다. 명제=주어+술어=판단=생각
26	Subject 주어	명제에서 대상 개념으로 '판단되는' 것

	철학 용어	의미
27	**Predicate** **술어**	주어에 연결돼서 주어의 속성이나 성질을 규정하는 것. 어떤 술어를 주어에 연결하느냐에 따라, 주어의 성격이, 즉 판단의 내용이 달라진다. 결국 인간 머리에서 이루어지는 생각은 주어에 술어를 붙이는 논리 구조로 행해진다. 그래서 칸트는 "모든 판단에는 주어와 술어의 관계가 있다"고 말한 것이다. 논리는 주어가 아닌 술어가 주도한다. 그래서 '술어 논리'가 된다. '주어 논리'라는 말은 없다.
28	**Determination** **규정**	술어가 주어에 연결될 때, 술어는 주어의 속성이나 성질을 규정한다. 그때의 규정이 'determination'이다. 주어를 규정한 그 속성은 주어에 덧붙여진 것이기 때문에, 주어가 '본질'이라면, 술어 규정에 의해 생긴 속성은 '비본질'이 된다. 비본질이 인생과 세상을 규정하고 지배하는 현상은 흔하고 자연스럽다.
29	**분석 명제**	'분석 판단'과 같은 의미. 주어의 뜻을 분석하기만 해도 술어가 나타나는 관계의 문장이다. 예를 들어 〈독약은 독이 들어 있는 약이다〉, 〈총각은 결혼하지 않은 남자다〉와 같은 문장을 의미한다. 사실상 개념이 1개만 사용된 것이므로, 지식이 주어진 개념(주어)을 넘어 확장되지는 않는다. 분석 명제에서는 모순율이 중요한 논리 규칙.

	철학 용어	의미
30	종합 명제	'종합판단'과 같은 의미로, 서로 다른 의미의 주어와 술어가 연결된 문장을 뜻한다. 대부분의 지식은 종합 명제로 이루어져 있다. 예를 들어 〈게임은 독약이다〉와 같은 문장에서 '게임'이라는 주어의 의미 안에 '독약'이라는 술어가 들어있지 않다. 게임과 독약은 모두 경험을 통해 알게 되는 단어이므로 **'경험적 종합 명제'**라고 부른다. 〈삼각형은 그 내각의 합이 180도이다〉라는 명제에서 주어 '삼각형'에는 술어 '내각의 합이 180도' 라는 의미가 들어있지 않다. 〈모든 직관은 크기의 양이다〉라는 명제에서 '직관'이라는 단어 안에 '크기의 양'이라는 의미가 들어있지 않다. 이런 종합 명제들은 **'경험 무관한 종합 명제'**이다.
31	Metaphysics 형이상학	형이상학이란 경험 세계의 원리가 아닌 '변하지 않는 본질'을 탐구하는 학문을 뜻한다. 특히 신, 세계의 시초, 사후 세계(영혼의 불멸), 자유에 관한 인간의 공통 질문을 탐구한다.
32	Objective reality 객관적 실체	머릿속에서 생각된 것이 머리 바깥에 존재한다는 사실을 경험을 통해 확인할 수 있을 때, 그런 존재를 일컬어 '객관적 실체'라고 부른다.
33	Objective Validity 객관적 타당성	머릿속에 주관적으로 존재하는 것이 머리 바깥의 경험적 실체로도 존재한다면, '객관적 타당성'이 있다고 말한다.

	철학 용어	의미
34	Image 도상	모두 '이미지'로 바꿔 이해한다.
35	Dialectic 변증	예부터 서로 대립하는 이쪽(정립)과 저쪽(반정립)의 견해 모두의 문제점을 지적하여 오류를 밝혀내는 탐구 방법을 '변증'이라 했다. 칸트에게 변증은 오류에서 비롯된 부정적인 의미의 단어로 쓰이지만, 헤겔에게 변증은 진리를 찾거나 진리가 찾아지는 긍정적인 의미이다. '모순론'이나 양쪽을 모두 비판한다는 '양비론'으로 바꿔 이해하는 것이 유용하다.

3

순수이성비판의 경우

머리냐 마음이냐

Mind

19세기 후반, 일본 학자들은 mind를 번역하면서 '心'이라는 한자를 부여했다. 서양 철학은 결국 mind를 탐구(대체 mind 안에서 어떤 일이 벌어지는지, 혹은 mind를 통해 우리가 무엇을 알 수 있는지 등의 문제)하는 학문이다. 〈순수이성비판〉도 마찬가지이며, mind라는 단어가 많이 등장한다. 일본 학자들은 감성, 오성, 이성의 운율을 맞춰 '心性'으로 번역했다. 일본 번역을 모델로 삼은 최재희는 심성으로 번역했고, 백종현은 마음으로 번역했다.

실제로 많은 번역가가 '지금도' mind를 마음으로 번역한다. 그것이 정확한 의미이기 때문은 아니다. 그저 습관 때문이다. 그리고 그런 습관을 사전이 뒷받침하고 있기 때문이다. mind에 대해 영한사전에서 맨 앞에 등장하는 표제어가 '마음'이다. 문학이나 가벼운 기분으로 읽는 에세이 분야에서는 mind를 마음으로 번역해도 괜찮은 경우가 많다. 그러나 철학 분야에서는 그렇게 번역해서는 안 된다. 한국인에게 마음이라는 단어는 사람의 성격, 품성, 관심이나 감정을 뜻한다. 이 단어로 이미지 검색을 하면 하트 모양의 이미지만 나온다. 한자 '心'은 마음을 뜻하고, 그것은 곧 심장을 가리킨다. 그만큼 마음이라는 단어는 감정적인 의미를 직접적으로 나타낸다. 그러나 철학에서 mind는 그런 의미로는 사용되지 않는다. 생각을 뜻하는 정신을 지칭한다. 고대 그리스인들은 머릿속에서 괜히 떠오르는 생각이 아니라, 지적이고 논리적이며 이성적인 생각을 가리켜 '누스Nous'라 했다. 그런 의미의 단어가 mind이다. 르네 데카르트는 물질인 육체body로부터 독립한 본질로서 머릿속에 존재하는 지성을 mind라 칭했다. 그래서 지금도 mind라는 영어 단어로 구글 이미지 검색을 하면 인간의 머리 이미지만이 결과로 출력되고, 심장은 등장하지 않는다. 한때 동양에서는 생각의 원천이 심장에서 나온다고 생각했으므로, 옛날 관점에서는, mind를 마음으로 번역해도 괜찮았을지 모르겠다. 그러나 심장에서 생각을 찾지 않는 오늘날 그런 식의 번역은 과학에도 맞지 않고 서양 정신세계사의 수천 년의 전통을 무시하는 처사이다. 서양 철학을 번역하면서 동양 철학의 용어를 함부로 섞으면 서로 다른 의미가 충돌함으로써 헷갈리기만 할 뿐, 그다지 장점이 없다. 서양 철학은 단순하고 명쾌한 의미의 단어를 기반으로 한다. 반면 동양 철학은 심오하고 다양한 의미의 단어를 사용한다. 서양 철학과 동양 철학을 정확히 분별한 다음에야 비로소 그것의 융합을 시도하는 작업이 설득력을 가질 것이다.

철학서에서 '마음'이라는 단어가 사용되는 곳마다 의미가 분명하지 않고 모호하다. 원문은 인간 머리를 가리키고 있는데, 번역문은 인간 심장을 가리키고 있기 때문이다. 물론 마음이라는 단어를 모르는 한국인은 없다(x=0). 그런데 번역가가 서양 철학의 전통을 무시하고 우리식 표현을 번역어로 들이민 것이다. 유사하지만 의미가 중대하게 달라졌다. mind는 서양 철학에서 가장 기본이 되는 단어임에도 이런 번역가의 행동 때문에 의사소통의 혼란이 누적돼 왔다(y=2). 그러므로 mind에 대한 번역어 '마음'이라는 단어는 단어 토폴로지 평면에서 (0,2) 값을 갖고, 이를 표시하면 다음과 같다.

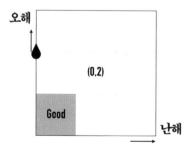

마음보다 더 좋은 단어가 없을까? 있다. '생각'이나 '정신' 같은 단어이다. mind는 무엇인가를 알기 위한 정신 일반을 가리키기 때문에, 생각은 mind의 좋은 우리말 번역이다. 그런데 〈순수이성비판〉에서 생각을 지칭하는 단어로 mind가 아닌, thinking이나 thought라는 단어를 사용하고 있고, mind가 thinking이나 thought보다 그 의미가 넓어야 한다는 점을 더 숙고해야 한다. 그런 단어가 우리말에 없을까? 있다. '머리'이다. '머리'는 생각을 비유적으로 지칭하는 단어이기도 하고, 얕은 생각, 깊은 생각, 멍때리는 생각, 논리적인 생각, 기억, 연상, 직관, 상상 등등 모두를 포함하는 단어이기도 하다. 그런데 그것이 mind이다.

머리가 지칭하는 의미는 자명하다. 머리라는 단어를 모르는 한국인 독자는 없다(x=0). 머리라는 단어가 비록 mind의 본래 의미를 거의 정확히 담을 수 있다. 바보가 아닌 한, 철학 문장에서 '머리'가 허파와 같은 신체 기관을 지칭하는 것으로 해석할 독자는 없을 것이다. 의사소통에 어떤 혼동도 초래하지는 않는다(y=0). 그러므로 mind에 대한 번역어로서 '머리'라는 단어는 단어 토폴로지 평면에서 (0,0) 값을 갖고, 이를 표시하면 다음과 같다.

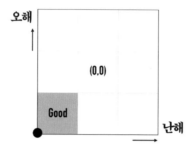

이제 철학서에서 mind라는 단어를 어떻게 번역하는 것이 바람직한지 자명해졌다. '머리'로 번역해야 한다. 아래는 〈순수이성비판〉 B75 단락에 적힌 칸트의 문장을 번역한 것이다.

① 표상을 수용하는 우리 **머리**의 수용성에는 감수성이라는 이름을 주자.
② 표상을 수용하는 우리 **심성**의 수용성에는 감성이라는 이름을 주자.
③ 표상을 수용하는 우리 **마음**의 수용성에는 감성이라는 이름을 주자.

①번이 정확한 번역이다. 칸트 철학에서 감수성은 머리의 한 요소이다. ②번과 ③번은 일본식 번역이고, 이로 말미

않아 '감성'이라는 단어에 '감정'이라는 단어의 의미가 섞이는 현상이 발생한다. 감성에 감정이 섞이면 더 이상 칸트 철학이 아니다.

영이냐 정신이냐

Spirit

이 단어를 고심해 보지 않은 번역가는 없을 것이다. 하지만 철학자들은 고뇌하지 않는다. 대한민국 대부분의 철학자가 이 단어를 '정신'으로 번역한다. 서양 문물을 수입한 일본인의 번역을 아무런 반성없이 수용했기 때문이며, 그들은 지금도 의심하지 않는다. 예를 들어 헤겔의 주저 〈The Phenomenology of Spirit〉을 일본 번역을 모범 삼아 〈정신현상학〉으로 번역한다. Spirit의 어원은 고대 희랍어 '프뉴마pneuma'이며, 이는 '프쉬케psyche'를 어원으로 하는 'soul'과는 그 의미가 다르다.

예를 들어 설명해 보자. 여기 여러 사람이 있다. 그들을 알파벳으로 표시해서, A, B, C, D, E라고 해 보자. 이들을 집합 {A, B, C, D, E}로 묶어 보자. 이들은 모두 육체가 있지만, 각자 저마다 다른 정신이 있다. A를 다른 사람과 구별하여, A라는 정체성을 갖게 만드는 그 사람의 정신이 있을 것이다. 그것을 일컬어 spirit이라고 하지 않는다. 일반적인 의미의 단어를 쓰면 mind이고, A라는 사람을 강조하면 soul이다. 다시 말하면, A에게 A의 soul이 없다면, 육체가 있어도 더 이상 A가 아니다. B, C, D, E도 마찬가지다. 각자 soul이 다르고, 그렇기 때문에 저마다 고유하다. 그런 soul을 A, B, C, D, E 가 갖고 있다. 이것이 서양 철학자들의 공통된 생각이다.

그런데 이와 달리 A, B, C, D, E에 속하지 않으면서, 그러므로 누군가의 정체성과는 무관하면서, {A, B, C, D, E } 모두에게 작용하는 '물질적이지 않은 힘'을 생각해 볼 수 있을 것이다. 그것을 일컬어 spirit이라고 했다. 서양 사람들은 그 힘을 신성하게 여겼다. 왜냐하면 서로 다른 soul을 갖고 있는, 서로 다른 사람들인 {A, B, C, D, E}에 공통적으로 영향력을 미치려면 각자의 soul보다는 훨씬 큰 힘이어야 하고, 그런 힘은 인간에게서 나온 것이 아니라고 여겼기 때문이었다. 그래서 spirit은 신을 뜻하거나 신성한 힘을 의미했다. 그러므로 기독교에서 하나님God을 성령 Holy Spirit으로 부르는 것이다. spirit은 영이다.

그런데 과거 일본 번역가가 spirit을 '精神'으로 번역했다. 精神이라는 한자에는 과연 '神$_{God}$'이 들어있기는 하다. 그러나 그 단어가 실제로 쓰이는 의미에서는 신이 결코 나타나지 않는다. 철학이라는 단어를 만들어 낸 메이지 시대 번역가 니시 아마네는 본래 주자학을 공부한 사람이었다. 주자학을 창시한 중국 송나라 유학자 주회가 강학하면서 제자들의 질문에 답한 어록 모음집인 〈주자어류〉에 수록된 '정신일도하사불성'이라는 문구를 니시 아마네가 몰랐을 리 없다. 그때의 정신은 '사람의 생각'을 뜻하는 것이다. '사물을 느끼고 생각하며 판단하는 능력이나 작용'이 정신이라는 단어의 본래 의미다. 그러나 서양 철학의 문헌에서 spirit이라는 단어는 '신' 혹은 '신성한 무엇'을 지칭한다. 적어도 A, B, C, D, E라는 사람들에게 공통으로 작용하는 영적인 힘을 뜻한다. 정신이라는 단어에는 그런 뜻이 없다. A의 정신, B의 정신, C의 정신, D의 정신, E의 정신이 각각 다를 뿐이다.

그러므로 spirit의 번역어로 '정신'이라는 단어를 사용하면, 서양 원문에서 전하려는 메시지를 잃고 만다. 본래의 메시지를 상실하니 그 단어가 사용된 문장의 의미와 맥락이 불명확해진다. 정신이라는 단어는 초등학생도 아는 단어이더라도, 오역이라는 사실에는 변함이 없다(x>3). 게다가 spirit을 정신으로 번역하면, 정신 집중, 정신 치료, 정신병원, 정신문제 등등, soul과 공통 어원을 갖는 다양한 '정신'이 들어간 표현과 혼동이 생긴다. 그러므로 소통에 혼란을 초래한다($y=2$). 따라서 나는 spirit에 대한 번역어 '정신'에 대한 단어를 단어 토폴로지 평면에 제대로 표시할 수 없었다. x가 정수 3보다 크기 때문이다. 이런 의미 위상을 갖는 번역어는 조속히 사용을 중단해야 한다.

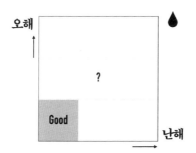

서양 철학은 기독교와 긴밀한 관계로 발전했다. 서양의 사상은 한편으로는 철학으로, 다른 한편으로는 종교로 우리나라에 수입되었다. 철학에서 spirit을 정신으로 번역한 결과, 기독교와 철학의 관계가 훼손됐다. 본래의 의미를 되찾으려면 성경의 번역을 따르는 것이 좋다. 그러므로 '영'으로 번역한다. '영'은 인간의 힘을 초월한 존재로서 신성한 무엇을 연상케 한다는 점에서 의미가 명확하다. 정신이라는 단어보다는 난이도가 있겠고, 1음절 단어여서 약간의 의미상 고민이 되지만, 중학생 수준의 어휘를 넘지는 않는다(x=1). 출발 언어 spirit과 도착 언어 '영'은 의미적으로 동일한 범위 안에 있다. 물론 문맥에 맞게 더 좋은 단어를 탐색해서 번역해도 좋을 것이다. 그러나 적어도 철학에서는 그 문맥에서 '신성함'이 전해져야 한다. 소통에는 문제 없겠으나, 오랫동안 정신이라는 단어를 고집해 온 철학자 그룹에서는 약간의 오해가 있을지도 모르겠다. 그러나 그런 그룹의 편리함을 위해 대중들이 더 이상 인내할 필요는 없다(y=1). 그러므로 spirit에 대한 번역어로서 '영'이라는 단어는 단어 토폴로지 평면에서 (1,1) 값을 갖고, 이를 표시하면 다음과 같다.

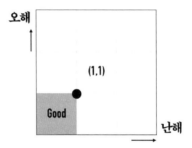

그렇다면 spirit의 번역어로 '정신'과 '영' 중에서 어느 쪽이 더 좋은 선택인지는 자명해졌다. 〈순수이성비판〉 중에서 A96 단락의 문장을 가져와 보자. 이 예시 문장들에서 '순수 지식 개념'은 인간 누구에게나 머릿속에 들어있는 12

개의 범주[1]를 뜻하고, 이 범주들을 연결함으로써, 어째서 우리 인간이 ― 누가 특별히 가르쳐 주지 않았음에도 ― 신이라는 개념까지 생각하게 됐는지, 그 실마리가 적혀 있다.

〈내가 순수 지식 개념을 갖게 되자, 나는 정말이지 불가 능한 것 같은 대상조차 생각해 낼 수 있게 되었다. 나는 그 자체로는 가능할 수 있어도 경험할 수 없는 그런 대상 들도 생각해 낼 수 있다. 그런 대상들은 **경험으로는 주어 질 수 없는 것**이니, 순수 지식 개념들을 연결함에 있어서, (**spirit**이라는 개념에서처럼) 경험을 가능하게 하는 조건 에 반드시 속해야 하는 무언가가 빠졌기 때문이거나, (**신** 이라는 개념에서처럼) 순수 지식 개념이 경험이 다다를 수 있는 것보다 더욱 확대된 것이기 때문이다〉

만약 여기서 spirit을 '정신'으로 번역한다면, 위 단락의 의

---

[1] 12개의 범주는 4개의 범주 유형으로 나뉘며, 각각 3개의 범 주가 속해 있다. 양의 범주에서는 하나, 복수, 전체의 범주가 속 한다. 질의 범주에서는 실체, 부정, 제한이, 관계의 범주에서는 본질과 비본질, 원인과 결과, 능동과 수동의 상호작용이 속한다. 마지막 양상의 범주에 속하는 범주들은 각각 가능/불가능, 존 재/비존재, 필연/우연이다.

미를 전혀 이해할 수 없다. 왜냐하면 정신은 경험할 수 **있고**, 경험으로 **주어지는** 대상이기 때문이다. 나의 정신에 대한 경험을 일컬어 내적 경험이라고 한다. 또한 정신에 관한 경험지식 체계를 심리학이라 한다. 더욱이 정신에서 무언가가 빠졌다면 정신병리적인 문제로 파악되는 것일 뿐, 경험할 수 없는 게 아니다. 그러므로 spirit을 '정신'으로 번역한다면, 정신에 대한 상식적인 지식을 가진 독자들은 칸트의 설명을 이해할 수 없게 된다. 그러나 위에서 인용한 것처럼 '영'으로 번역하면 완전히 쉽게 이해된다. 우리가 경험하는 것은 모두 형체가 있는 것이다. 크기가 있거나 세기가 있다. 그러나 영은 형체가 없는 존재로서 크기도 없고 세기도 없으므로 경험에서 가능한 조건이 빠져 있고, 그래서 우리가 영을 경험할 수 없는 것이다. 단어 하나만 올바르게 바꿔도, 철학이 이렇게 명확해진다. 단어 하나만 잘못 사용해도 철학은 극히 난해해지고 만다.

정신이냐 영혼이냐

Soul

이미 우리는 앞에서 soul이라는 단어를 살펴봤다. 그것은 '인간의 정신'을 뜻한다. mind가 인간 정신 일반을 가리킨다면, soul은 특정인의 인간 정신을 뜻한다. 그런데 이 나라의 철학자들은 한결같이, 마치 기계처럼, soul을 귀신 냄새 나는 단어인 영혼으로'만' 번역한다. 만약 귀신의 기운을 느끼는 단어가 필요하다면 그것은 soul이 아니라 spirit이 될 수 있음을 잊지 말아야 한다. Spirit은 정령이나 악령까지 포함하는 단어이기 때문이다. 그런데 soul은 spirit보다 간단하지 않다. 인간은 죽는다. 그러므로 홍길동은 죽는다. 그때 홍길동은 귀신이 될 수 있고(옛 사람들이 그렇게 생각했다는 의미이다), 그렇다면 그 사후의 홍길동을 일컬어 spirit이라 부르기는 어렵다. 왜냐하면 spirit은 홍길동을 특정하는 단어가 아니기 때문이다. 그 죽은 홍길동의 넋을 일컬어 서양 사람들은 soul이라 칭했다. 그런데 살아있을 때에도 soul이다. 살아있을 때에도, 죽을 때에도 모두 soul이라 부르니, 서양 철학자들은 이것을 특별히 더 생각하게 되었다.

서양 철학의 전통에서 인간은 육체와 정신, 양쪽에서 고찰되었다. 사람은 죽는다. 사람이 죽으면 육체는 사라진다. 그렇다면 인간 생명의 근원은 육체가 아니라 정신일 것이다. 옛 사람들은 생명에도 본질이 있다면, 그 본질은 소멸되지 않을 것이고, 소멸되는 것은 생명의 본질이 될 수 없으리라고 생각했다. 그러므로 정신이야말로 우리 인간 생명의 **숨결**이다. 소크라테스는 소크라테스의 정신이 있고, 그것이 바로 소크라테스를 소크라테스로 만드는 숨결이다. 이렇게 서양 철학자들은 생각했던 것이다. 인간을 그 인간이게 하는 참된 **형식**은 정신에 있고, 육체는 그 정신에 결합된 재료로 보았다. 그때의 정신이 바로 soul이다. 정신은 머리mind에서 이루어지는 머릿속의 활동이기도 하다. 다만, mind가 좀 더 일반적인 의미의 머릿속 활동이라면, soul은 '그 사람'의 고유한 정신을 일컫는다.

앞에서 언급한 것처럼, soul의 어원은 고대 그리스어 프쉬케psyche이다. 인간 정신을 탐구하는 학문인 심리학은 psychology라고 부른다. 정신의학은 psychiatry, 정신병은 psychopathy, 정신분석은 psychoanalysis, 반사회적 성격장애는 psychopath라 칭한다. 모두 soul과 어원이 같은 단어이다. 이처럼 다른 분야에서는 모두 '정신'으로 번역하는데, 철학자들은 고집스럽게도 soul을 '영혼'으로만 번역한다. 어째서? 아마도 한국 철학자들의 스승이자 모범인 일본 학자들이 soul을 靈魂 혹은 魂으로 번역했기 때문일 것이다. 아니면 정신이라는 단어를 spirit의 번역어에 빼앗겼기 때문일지도 모른다. 그걸 바꾸려면 서양 철학사의 정상에 있는 헤겔의 〈정신현상학〉을 〈영의 현상학〉으로 교정해야 하지만, 이런 교정은 일본식 번역의 족쇄에 만족해하는 이 나라의 철학자들에게는 불가능한 일이다.

앞에서도 언급한 것처럼, spirit이라는 단어와 달리, soul이라는 단어의 의미 변천사는 훨씬 다양하고 역동적이었다. 왜냐하면 철학자들은 삶과 죽음을 함께 고려하면서 인간의 정신을 탐구했기 때문이었다. 그런 점에서 보면, '영혼'이라는 번역 자체가 완전히 잘못된 것만은 아니다. soul은 육체에 생명을 불어넣는 숨결이라는 뜻이었다. 그런데 '사람이 죽은 다음에 그 숨결은 어떻게 되지?'라는 보편적인 질문이 인류에게 생겼다. '그 사람의 soul'은 사후 어떻게 될 것인지에 대한 답을 철학자들은 내놓아야 했다. 그것이 바로 저 유명한 'Immortality of the soul'의 문제다. 칸트의 〈순수이성비판〉 후반부의 거대한 주제 중 하나가 바로 저것이다. 철학자들은 '영혼의 불멸성'으로 번역한다. '불멸의 정신'이라는 표현이 자연스럽게 사용되는 것처럼, '정신의 불멸'이라고 번역해도 괜찮을 것이다. 하지만 우리 한국인들은 '죽은 다음의 정신'을 '영혼'이라고 일컫기도 하기 때문에, '영혼의 불멸성'은 원문의 메시지를 잘 담는 번역이다.

살아있는 인간의 soul을 지칭하는 번역어로 '영혼'을 사용한다면, 그 단어가 들어간 문맥이 불명확해진다. 중학생 수준이라면 영혼이라는 단어를 모르지 않을 것이다. 그러나 영혼은 기본적으로 죽은 사람의 넋이므로(x=3), 살아있는 인간을 지칭해서 사용한다면, 설령 그 의미가 유사할지라도 원문의 soul과는 다른 의미가 되며, 철학 자체를 종교적인 느낌으로 만들기 때문에 혼란을 초래한다(y=2). 따라서 나는 살아있는 인간의 soul에 대한 번역어 '영혼'의 단어에 대한 단어 토폴로지 좌표 값을 (3,2)로 부여하고 그 위상을 다음과 같이 평면의 눈물점으로 표현한다(좌측 그림). 그런데 **죽은 인간의 soul**을 지칭하는 번역어로 '영혼'을 사용한다면, 그 좌표 값은 (1, 0)로 바뀐다(우측 그림).

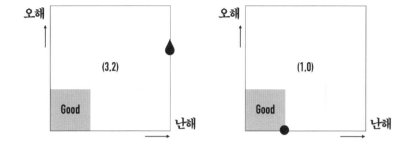

죽은 인간에 관한 soul을 지칭하는 것이라면 '영혼'으로 번역하는 것이 타당해 보인다. 그렇다면 '살아있는' 인간의 soul에 대한 번역어로서 '정신'의 단어 위상을 살펴보는 일만 남았다. soul이 들어간 문장을 번역하면서 정신이라는 단어를 사용하면 그 문장의 의미가 자명해진다. 정신은 초등학생도 아는 단어이다(x=0). 출발 언어와 도착 언어의 의미가 일치한다. 오해 가능성도 없고, 소통에도 아무런 문제가 없다(y=0). 그렇다면 그 단어의 위상 (0,0)은 아래와 같이 나타낼 수 있다. 더할 나위 없이 좋은 번역어이다.

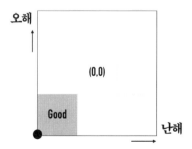

그렇다면 철학에서 soul은 {정신, 영혼}이라는 번역어 집합에서, 살아있는 인간의 비물질적인 생명을 지칭할 때에는 '정신'을, 사후 세계의 인간을 지칭할 때에는 '영혼'이라는 단어를 선택해서 번역해 봄직하다. 출발 단어와 도착 단어가 항상 일대일로 대응해야 하는 것은 아니다.

감수성이냐 감성이냐

Sensitivity

과학자들의 연구에 따르면 눈에 들어온 전기 신호가 뇌에 도달하는 데 걸리는 시간은 0.01초도 걸리지 않는다고 한다. 여기 사과가 있다고 가정하자. 그리고 우리가 그 사과를 본다고 가정할 때, 우리 뇌가 눈으로부터 시각 데이터를 받아들여 사과라고 판단하는 데까지 순간적이라는 것이다. 다양한 연구 결과가 있겠지만, 눈에 들어온 사과 이미지가 시 신경을 통해 뇌에 도달하는 데 소요된 시간을 0.01초라고 가정하고, 뇌가 반응해서 〈저것은 사과다〉라고 판단하는 데 걸린 시간을 0.05초라고 가정하자. 0.01~0.05초 사이에서 벌어지는 이 '순간적인 일'에 대해, 18세기 철학자 칸트는 십 년 넘게 연구한 끝에, 500쪽이 넘는 분량의 기념비적인 책을 썼다. 그 책이 바로 1781년에 저술된 〈순수이성비판〉이다.

철학자들은 이처럼 아주 느리게 생각해서 책을 썼는데,

독자들은 아주 성급하게 이해하려고 하니까, 즉 이런 시간 간격의 차이 때문에 철학이 난해해지는 것이다. 시간 조정을 좀 맞추고, 단어를 알맞게 사용한다면, 철학은 상당히 쉬워진다.

사과 이미지가 머리에 도착한 저 시간 0.01초, 이때 칸트는 시간을 정지시켜 놓는다. 저 순간에서 사과를 머리 안으로 수용하는 머리의 영역, 그리고 그 영역의 역할이 바로 sensitivity다. 칸트가 생각하기에 sensitivity는 감각 기관(즉 시각)을 통해 사과를 사과 이미지로 수용하는 역할, 그리고 뇌가 그걸 처리(즉 생각)할 수 있는 형식으로 변환하는 역할만을 한다. 철학자들은 sensitivity를 '감성'으로 번역한다. 약간의 의미상 고민이 필요하지만 중학생 수준의 단어이며, 이 번역에 큰 잘못은 없다(x=1). 칸트의 의미와 '감성'의 의미 사이에 다소 차이가 있지만, 주석과 맥락을 통해 그 의미적 동일성이 독자에게 전해질 수 있을 것이다(y=1). 그러므로 단어 토폴로지 평면에서 이 단어의 위상은 다음과 같이 표현할 수 있다.

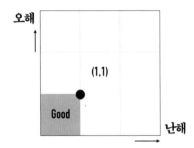

이런 단어 위상 결과, sensitivity를 '감성'으로 번역하는 것에 특별한 문제는 없는 것처럼 보인다. 그러나 sensitivity, understanding, reason이라는 머리 3요소는 서로 하는 역할이 전혀 다름에도, 이를 각각 '감성', '오성(지성)', '이성'으로 쓸데없이 음률을 맞춤으로써 이 세 단어의 의미상 간격이 밀접해졌다. 이 간격을 떨어트릴 필요가 있다. 칸트는 〈순수이성비판〉에서 sensitivity는 어떤 자발성 없이 그저 '수용성'에 그 역할이 놓임을 반복해서 강조한다. 이런 점들을 감안해서 sensitivity를 '감수성'으로 번역하는 것이 더 바람직한 것처럼 보인다. 그러면 이 단어의 y값이 더 낮아질 것이고, 이를 단어 토폴로지 평면에서 표현하면 다음과 같다.

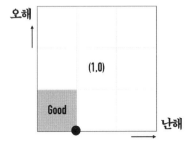

지식이냐 오성이냐
아니면 지성이냐

Understanding

앞의 사과 사례에서 0.01초만에 감수성이 자기 할 일을 했다. 그러면 〈저것은 사과다〉라는 판단을 내리는, 0.01~0.05초 사이에서 일을 하는 머리의 요소가 있고, 그것을 understanding이라 한다. Understanding이 하는 일은 고차원적인 생각을 하는 게 아니라, 인간 머리에 설치(기억)되어 있는 알고리즘(개념)에 따라, 감수성이 전달한 사과 이미지를 처리하고 해석해서 〈저것은 사과다〉라는 단순한 판단을 내리는 일이다.

과거 일본 학자가 '悟性'으로 번역한 후, 우리 옛 철학자들이 '오성'으로 음역했다. 그러나 '오성'은 우리말이 아니다. Understanding이라는 개념에는 깨달음이 들어 있지 않으므로, 깨달을 悟는 본래 의미에 맞지도 않다. 보통어로 전혀 사용하지 않는 단어이기도 해서, 한국인이 알아듣지도 못한다. 게다가 understanding과 reason의 경우 그 차이가 분명하게 나타남에도, '오성'과 '이성'의 번역어에서는 차이점도 위계도 구별하기 어렵다(x)3). 전문가 수준의 사전 지식이 없는 한 '오성'이라는 단어로 평범한 소통은 가능하지 않다. 항상 부연 설명을 해야 하지만, 부연 설명을 해서도 지식은 좀처럼 전해지지 않는다(y)3). 그러므로 단어 토폴로지 평면에서 understanding의 번역어로서 '오성'의 위상은 다음과 같이 표현할 수 있다.

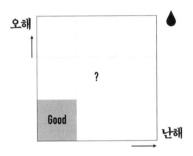

그럼에도 불구하고 여전히 '오성'을 고집하는 사람들이 있다. 보통어로 전혀 사용하지 않는 단어를, 다시 말하면 소통을 포기해야 하는 잘못된 단어를 버리지 못하고 고집하는 태도 자체가 철학을 공부하는 사람의 건전한 정신에 어울리지 않는다.

'오성'이라는 단어의 문제점을 인식한 번역자들이 근래 understanding을 '지성知性'이라는 단어로 번역하기 시작했다. '알 수 없는 단어' 대신 '알 수 있는 단어'를 선택한 것이다. 그런데 이 선택은 학문적인 엄밀함의 면에서나, 칸트 사상을 '한국인에게' 잘 전달하려는 의지의 면에서나 타당하지 않다. '알 수 있는 단어'이기는 해도, '앎을 방해하는 단어'이기 때문이다. 나는 정말이지 이 땅의 학자들이 평범한 사람들이 사용하는 한국어에 더 많은 관심을 '가져주기를' 희망한다. 그들의 학식이 부족해서 이런 철학 번역의 문제가 생긴게 아니다. Understanding이라는 개념을 몰라서 그런 것도 아니고, 칸트를 잘못 이해하고 있기 때문도 아니다. 한국어에 너무 관심이 없기 때문이다.

한국인이 '지성'이라는 단어를 사용할 때에는, 예를 들어 〈그는 우리 사회의 양심과 지성을 대표하는 사람이다〉, 〈그 작가는 당대의 지성을 상징하는 인물이었다〉, 〈그녀는 미모와 지성을 겸비했다〉 등의 문장처럼, 긍정적인 가치 판단이 이 단어에 들어있고, 더욱이 현명한 느낌의 의미를 전달한다. 그런데 그런 의미는 칸트가 말하는 understanding이 아니라, reason이 작용한 결과에 가까운 의미다. Understanding과 reason에는 분명한 위계가 있다. 전자는 0.01~0.05초 사이에 〈저것은 사과다〉라는 지금 여기에서의 판단을 이끌어 낼 뿐이고, 후자는 지금 여기에서 벗어나 〈이 사과를 딸에게 선물해야지〉라거나 〈사과 가격이 너무 올랐네〉라는 등의 다른 생각을 해 낸다. 즉 understanding은 고차원의 생각을 이끌어내는 머리의 요소가 아니다(그런 역할을 reason이 담당한다). 하지만 '지성'과 '이성' 사이에서는 그와 같은 위계 차이를 느끼기 어렵다. 때때로 '이성적'이라는 표현이 냉정하고 부정적인 의미로 사용되기도 한다는 점을 감안한다면, 그런 부정성이 아예 결여된 저 숭고한 단어인 '지성'이 understanding의 의미 위상을 차지하는 것은 바람직하지 않다(x=3). 이처럼 의미가 중대하게 달라졌고, 오해의 여지가 있어서, 칸트 철학을 전할 때 소통 혼란을 예방할 조치가 필요해졌다(y=2). 그러므로 단어 토폴로지 평면에서 understanding의 번역어로서 '지성'의 위상은 다음과 같다.

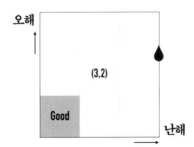

'오성'이든 '지성'이든, understanding 번역의 문제는 접미사 '성'을 고집하는 관성에서 비롯된다. 폐습을 버리고 이성과 의미 간격을 벌려 보자. Understanding의 의미가 대상에 개념을 부여함으로써 그 대상을 판단하는 지적인 머리 요소라는 점에서, '지능', '지력', '이해력' 같은 단어를 검토했으나, '순수 지능 개념', '순수 지력 개념', '순수 이해력 개념'이 부자연스럽고 도무지 평범한 우리말처럼 느껴지지 않았다. 특히 '지능'의 경우, 인간의 지능이 인공 지능과 비교돼야 하는 필연적인 운명을 생각해 볼 때, 특정 개념으로 그 뜻을 고정해 놓는 건 좋은 선택으로 보이지 않았다. '지력'이나 '이해력'의 경우, understanding에 포함되며 매우 중요한 역할을 하는 '상상력'과 '판단력'의 차이를 설명하기 어렵고, 또한 understanding의 속성으로 '개념 능력', '규칙 능력', '사고력'이 계속 등장하는데, 그런 능력과의 차이점을 전하기 어렵다.

오랜 고뇌 끝에 나는 '지식'으로 번역되는 것이 바람직하다고 생각했다. 이 단어는 한국인의 보통어이며 쉽고 자연스럽다. 무릇 지식이 있어야 무엇인가를 판단할 수 있고, 인간 머리의 요소 중에서 대상을 판단하는 능력을 갖는 요소가 바로 '지식'이라고 간명하게 설명할 수 있다 (x=1). 지식이 있어야 무엇인가를 판단할 수 있다. 그리고 개념이 없다면 지식이 있을 리 없다. 그러므로 개념 능력인 understanding의 본래 뜻과 잘 어울린다. '지식'이라는 단어에는 긍정적인 의미도 붙을 수 있고, 부정적인 의미와도 잘 어울려서 그 속성이 중립적이다. 아는 게 많고 똑똑한 지식인이어도 이성적이지 못한 생각과 행동을 하는 경우도 허다하다. 그러므로 '지식'이라는 번역어는 이성과의 위계 차이를 어렵지 않게 전할 수 있는 장점이 있다. 요컨대 이런 '지식'이라는 단어에 관련된 특징들이 한결같이 understanding의 참뜻과 어울린다(y=1). 그러므로 단어 토폴로지 평면에서 understanding의 번역어로서 '지식'의 위상은 다음과 같다.

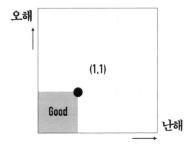

우리는 흔히 '지식'에 해당하는 영어 단어로 knowledge를 떠올린다. 그래서 잘못된 번역이 아닌가 의심할 수도 있다. 그러나 understanding과 knowledge는 거의 같은 의미의 단어이며, 그 어원이 옛 그리스어 '에피스테메 episteme'로 동일하다. 칸트 이전 영국 경험론자 로크는 understanding이라는 단어를 썼고, 로크 사상을 비판했던 조지 버클리 주교는 같은 의미로 knowledge라는 단어를 사용했다. 그리고 칸트가 이들의 저술을 읽고, 자신의 후속 저술 작업을 한 결과가 〈순수이성비판〉이니, understanding을 '지식'으로 번역하면, 독일 철학과 영국 사상이 언어적으로 더 긴밀해진다. 이런 결과가 칸트 이해에 보탬이 됨은 두말할 것도 없다. 그러므로 이렇게 종전의 번역어를 버리고 '지식'이라는 단어를 선택하면, 〈순수이성비판〉에서 칸트가 전하려는 메시지가 더 투명하게 전달될 뿐만 아니라, '감수성'과 '이성'과의 의미 간격이 확연히 구별돼서 이롭기까지 하다. 결과적으로 '오성 개념' 혹은 '지성 개념'이 아니라 '지식 개념'이 되는 것이다.

포착이냐 지각이냐

Perception

학자들은 '지각'으로 번역한다. 무엇인가를 알아서 깨닫는다는 의미가 명확하게 전해진다. 중학생도 알 수 있는 어휘다(x=1). 그러나 서양 철학, 특히 칸트 철학에서 perception은 안다는 의미, 깨닫는다는 의미가 **전혀** 들어있지 않다. 즉, 명백히 오역에 해당하는 번역이다(y〉3). Perception을 지각으로 번역함으로써 독자들이 〈순수이성비판〉의 전체 흐름을 이해하고, 칸트 사상으로 소통하는 데 혼란이 초래되었다. 〈순수이성비판〉에서 perception은 수백 번 등장하는 단어이다. 따라서 perception의 번역어로서 '지각'의 단어 위상은 다음과 같다.

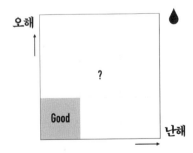

본래 지각知覺이라는 단어는 '알아서 깨달음' 또는 그런 능력을 뜻한다. 사물의 이치나 도리를 분별하는 능력으로 이 단어가 사용되기도 한다. 무엇인가를 지각하려면, 사람은 그 무엇인가를 '생각'해야 한다. 생각 없는 지각은 있을 수 없다. 그런데 칸트 철학에서 perception은 생각이 없는, 아직 생각을 하지 않은, 즉 처리되지 못한 데이터를 의미한다. 혹자는 이러한 나의 분석과 검증을 반박하면서, 그럼에도 '지각'이 맞노라고, 국어 사전에는 '감각 기관을 통하여 대상을 인식함'이라는 뜻풀이가 지각이라는 단어에 등재되어 있고, 영어 사전에도 perception의 한국어 뜻풀이로 '지각'이라는 단어가 기재되어 있노라고 주장할지도 모르겠다. 학자들의 잘못된 번역이 사전을 오염시킨 사건이 한두 가지가 아니며, 일본 사전을 모방하여 국어 사전을 어지럽힌 역사가 짧지 않다. 이에 관해서 이미 나는 앞에서 〈언어 유린의 무한 순환 사건의 전모〉를 밝힌 바 있다.

우리가 무엇인가를, 어떤 대상을 인식하려면 두 가지가 반드시 필요하다. 첫째 직관이며, 그것을 통해 대상을 머릿속으로 가져올 수 있다. 둘째 개념이며, 그것을 통해 대상을 생각할 수 있다. 전자의 권능을 담당하는 머리의 요소가 '감수성'이다. 그리고 후자의 권능은 '지식'이 담당한다. 감수성은 생각할 수 없으며, 지식은 직관할 수 없다. 감수성은 감각 데이터를 수용할 수 있을 뿐이며, 지식은 머릿속에서 변환된 감각 데이터에 개념을 적용하여 그것을 생각할 수 있을 뿐이다. 이것이 칸트 철학의 기본 원칙 중 하나이다. 그래서 감수성은 **수용력**이라고 하고, 지식은 **사고력**이라 부르는 것이다. 그렇다면 감수성과 지식 사이의 데이터 교환 혹은 처리는 어떻게 이루어지는가? 칸트는 이것을 자세히 해명하는 작업의 중요성을 몇 번이고 강조했고, 그 작업을 일컬어 '초월적 연역'이라 칭했다. 감수성에서 지식으로 감각 자료가 전달된다(정확히 말하면 상상력이 그걸 지식으로 가져온다). 그때 지식으로 전달되는 데이터를 일컬어 perception이라 한다. 이것은 전혀 생각되지 않은 상태의 자료이다. 반면 우리말 '지각'은 적극적으로 생각을 적용한 결과, 앎에 이르게 된 상태이므로, perception의 번역어가 될 수 없음은 위에서 단어 토폴로지로 살펴본 바와 같다. 그런데 과거 칸트 철학을 제대로 이해하지 못한 일본 학자가 그런 뜻을 갖고 있는 perception을 '知覺'으로 번역했던 것이고, 한국 학자들이 그걸 무비판적으로 수용했다. 우리 한국인에게 다른 단어는 없을까? 당연히 있다.

이 책의 초판에서 나는 '감지感知'라는 단어를 제안했

다. 예컨대 디지털 센서가 대상을 센싱sensing해서 프로세서에 전달하는 행위에 관해 엔지니어 분야에서는 '감지'라는 단어를 관습적으로 사용하므로, 그 용법을 차용했던 것이다. 이때 센서는 센싱된 데이터가 도대체 무엇인지 알지 못한다. 그러나 전술한 것처럼 칸트 철학에서 perception이라는 단어에는 아직 '지知'가 들어있지 않다. 그런데 '감지'라는 단어에는 그 실제 의미가 어떻게 되었든 '지'가 포함되어 있다. 오해의 여지가 있는 단어임에도 이를 간과하여 제안했음을 독자 여러분에게 사과드린다.

감지라는 단어를 버리기로 하고, perception의 우리말 번역으로 알맞은 단어를 다시 찾기로 했다. 더 좋은 단어를 찾기 위해서 칸트가 말하려는 메시지를 반추했다. 감수성이 감각 자료를 지식으로 전달하려고 할 때, 감수성은 수용성일 뿐 자발성이 아예 없기 때문에 스스로의 힘으로는 지식으로 감각 자료를 전달할 수 없다. 이때 등장하는 것이 지식의 상상력imagination이다. 상상력이 머릿속에 수용된 수많은 표상representation에 접근한다(표상이란 머릿속에 있는 것을 뜻한다. 이미지를 포함하며, 컴퓨터로 유추한다면 표상이란 데이터를 뜻한다). 상상력은 감수성의 다양한 표상 중에서 중요하지 않은 데이터를 제외할 것이고, 꼭 필요한 데이터만을 탐색해서 한뭉치로

모을 것이다. 상상력이 필요한 데이터만 **붙잡아서** 감수
성에서 지식 시스템 안으로 복제하는 일련의 데이터, 그
것이 바로 perception이다. 자, 어떤 한국어가 좋을까? 나
는 고심한 끝에, '꽉 붙잡음'이라는 의미가 있는 '포착'이
라는 단어에 이르렀다. 약간의 의미상 고민이 필요하지
만 중학생 수준의 난이도이다(x=1). 거의 동일성 수준으
로 의미가 같다. 물론 '포착'이라는 단어를 학자들은 상상
력의 apprehension 기능의 번역어로 쓴다. 그러나 나는
apprehension에는 '탐색'이라는 더 알맞은 우리말을 붙
였고, 이를 주석을 통해 안내할 수 있으니, 그다지 문제될
것이 없다(y=1). 그러므로 단어 토폴리지 평면에 표현할
perception의 번역어로서 '포착'의 단어 위상은 다음과 같
다.

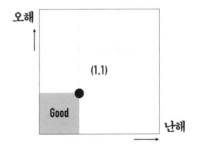

지각이냐 통각이냐

Apperception

앞에서 설명한 것처럼, 감수성에서 지식으로 전달된 감각 자료를 일컬어 칸트는 perception이라 칭했다. 지식으로 전달된 자료는 아직은 생각되지 않은 상태의 자료다. 감수성은 대상에 대한 정보를 수용만 하기 때문이다. 반면 지식은 감각 자료를 생각한다. 다시 말하면 우리의 의식이 개념을 적용해서 〈저것은 사과다〉라는 식으로 하나의 판단을 만들어 내는 것을 일컬어 칸트는 apperception이라 칭했다. 접미어 'ap'는 '~쪽으로'라는 뜻을 갖는다. 칸트는 수동적인 감수성에 대한 지식의 능동적인 역할을 강조하기 위해 apperception이라는 단어를 사용하면서, 철학적 말놀이를 한 것이다. 언어 체계가 다른 한국어에서 그런 말놀이에 적합한 단어를 찾을 수는 없었다.

학자들은 apperception을 일본 번역을 그대로 모방하여 '통각統覺'으로 번역한다. 애당초 우리말이 아니므로 이 단어로는 그 의미가 독자에게 전해질 수 없다(x>3). 극소수의 전문가만이 공부를 통해 그 뜻을 알 수 있어도 이미 평범한 소통은 불가능하다(y=3). 따라서 apperception의 번역어로서 '통각'의 단어 위상은 다음과 같다. 단어 토폴로지 평면에 표현될 수 없다.

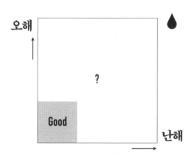

쓸데없이 철학을 어렵게 만드는 대표적인 단어이며, 독자를 안중에 두지 않는 인식이 들어있는 번역어가 바로 '통각'이다. 통각이라는 단어를 접하는 한국인은 백이면 백, 고통스러운 자극에 의해 발생하는 통각痛覺을 연상한다. 그러나 학자들의 번역어는 그런 단어가 아니라 '統覺'이다. 옛날 일본 학자가 한자를 조립해서 발명한 단어이며, 정작 평범한 일본인도 모르는 단어다. 특별한 해설이 없다면, 평범한 한국인은 이 단어를 해독할 수 없다. 철학이 괜히 어려운 게 아니며, 칸트 〈순수이성비판〉이 괜히 난해한 게 아니다. 번역어로 사용된 단어의 실정이 이러하니 이 땅에서 철학은 고통스럽기만 하다.

칸트 철학의 대강을 다시 설명해 보자. 인간은 감각을 통해 대상에 대한 각종 데이터를 머릿속으로 가져온다. 그런 데이터를 '구슬'이라고 비유해 보자. 여기 '하나의 대상'이 있다. 그렇다면 머릿속에서도 그 대상은 하나여야 한다. 머릿속에 있는, 그 대상에 대한 구슬을 표상representation이라 일컫는다. 머릿속에는 많은 것이 있다. 그래서 표상은 많다. 즉 구슬은 한두 가지가 아니다. 수많은 구슬 중에서 필요한 구슬을 선별해서 모은 다음에 그것들을 꿰어서 연결해야 한다. 그런 연결을 일컬어 종합synthesis이라 하며, 칸트는 상상력이 그런 역할을 한다고 말했다. 우리 지식에 선별된 구슬들을 전달하는 것이 바로 perception이었다. 그러나 아직 머릿속에서는 하나의 대상이 되지 못했다. 다음으로 지식이, 더 정확하게는 '나는 생각한다'라는 나의 자기 의식self-consciousness이 구슬을 모두 하나로 묶는다. 감수성으로부터 지식에 전달된 데이터(perception)에, 지식이 개념을 적용함으로써, 머리 바깥의 대상과 머릿속의 대상을 일치시키고, 결과적으로 대상에 대한 앎에 이르게 된다. 그때의 '지각'이 바로 apperception이다. 예를 들어서 어떤 환자가 있다고 가정하자. 당신은 그 환자의 질병을 알아내야 한다. 당신의 머릿속으로 다양한 증상에 대한 데이터가 들어온다. 그 데이터를 구슬이라고 계속 비유해 보자. 어떤 구슬에는 '물을 많이 먹는다'라고 쓰여 있고, 어떤 구슬에는 '화장실에 자주 간다'라고 쓰여 있으며, 그 밖에도 여러 구슬이 있었는데, '자꾸 음식을 먹는다', '체중이 감소되었다', '눈이 침침하다' 등등의 구슬이었다. 당신의 의식이 그런 구슬을 모두 연결한 다음에, '당뇨병'이라는 개념을 적용하는 순간, 그 환자의 질병에 관한 모든 구슬은 당뇨병이라는 개념에 의해 하나가 되는 것이다. 이때 당뇨병이라는 개념으로 구슬을 모두 꿰어서 하나의 앎에 이르는 자기 의식의 활동이 바로 apperception이다. 자기 의식이 드디어 대상이 무엇인지 깨달아 앎에 이르렀으므로, 그런 뜻으로서 '지각'으로 번역하는 게 온당하다. 그러나 나는 이 책 초판에서 미봉책으로 '자의식'이라는 단어를 제안했다. 그러면서 나는 〈다음 세대에 이르러 '지각'이라는 단어가 apperception의 번역어로 사용되기를 희망한다〉는 문장을 덧붙였다. 이런 희망이 곧 나의 부끄러움이자 창피함이다.

앞선 세대의 역할은 막연히 마음속에 희망을 품는 게 아니라, 다음 세대에게 그 희망을 시각적으로 보여주는 일이다. 정당한 비판으로 말미암아 낡은 관습에 머무는 사람들에게서 생기는 혼란을 걱정할 게 아니라, 그런 관습의 족쇄가 다음 세대에 전해지지 않도록 애써야 하는 것이 우리 세대의 책무다. 그런 점에서 나는 초판의 '자의식' 제안을 반성하고 뒤늦게나마 견해를 정정한다. 그리고 '지각'을 apperception의 정당한 번역어로 내놓는다. '지각'은 출발 언어의 의미를 명확히 표현할 뿐 아니라 중학생 수준의 어휘다(x=1). 기존 번역어 탓에 생기는 혼란은 청산해야 마땅한 문제일 뿐더러, 주석을 통해 그런 문제는 쉽게 수습할 수 있다(y=1). 그러므로 apperception의 한국어 번역어로서 '지각'에 (1,1)의 좌표를 부여하여 다음과 같이 단어 토폴로지 평면에 나타낸다.

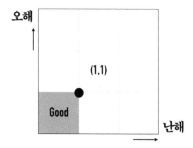

경험 무관이냐 선천이냐
아니면 선험이냐

a priori

칸트 철학을 대표하는 이 개념어는 라틴어에서 유래된 단어로 형태적으로는 '경험에 앞서는'의 의미가 있지만, 칸트의 용법에서는 '경험과 무관한, 경험과는 독립적인, 비경험적인'이라는 뜻이다. 최재희는 '선천적'으로 번역했고, 백종현은 '선험적'으로 번역했다. 칸트 학회는 '아프리오리'로 라틴어를 음역해야 한다고 '강제'한다(권장하는 게 아니다).

우선 '선천적'이라는 단어는 그 의미가 명확하다. 중학생 수준의 지식만 있어도 한국인들은 이 단어의 뜻을 안다(x=1). 태어날 때부터 지니는 속성을 뜻한다는 점에서 당연히 경험에 앞서고 경험적인 요소를 전혀 갖지 않게 된다. 그런데 칸트의 a priori의 번역어로서 '선천적'이라는 단어는 세 가지 문제점을 품고 있고, 게다가 이 문제는 a priori가 〈순수이성비판〉에서 800회 이상 반복 등장한다는 점에서 좀처럼 해결되지 않는다. 첫째, 칸트의 견해에 따르면 수학과 자연학의 지식은 모두 a priori하다. 그런데 '선천적'이라는 단어는 '태어남'이라는 의미가 있고 경험을 하는 생명체인 인간 인식에 대해서는 무척 잘 어울리지만, 생명이 아닌 수학이나 자연학에서는 어색하다. 둘째, 어떤 개념 혹은 판단이 a priori한지 여부는 필연성과 보편성이 있느냐 없느냐로 정해지는 것이지 경험을 기준으로 앞에 있느냐로 정해지지 않는다. 그런데 '선'이라는 접사 때문에 순서의 느낌을 준다. 셋째, 칸트 철학에서 이 단어가 무수히 반복되는데 그때마다 독자로 하여금 '무엇이 선천적인데?'라는 모호한 의문을 야기한다(y=2). 그러므로 a priori의 번역어로서 '선천적'의 위상은 (1,2)로 단어 토폴로지 평면에 나타낸다.

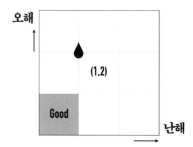

반면 '선험'은 일본식 한자어 조립으로 만들어진 단어여서 일상 생활에서는 사용되지 않는 단어이다. 본래 우리말이 아니기 때문에 의미가 모호하다. 이 단어를 제대로 이해하려면 칸트 철학을 소개하는 책을 읽어 본 경험이 있어야 하거나, 누군가의 해설을 들어야만 어렴풋하게라도 이해할 수 있다(x=3). 그렇다고 해서 칸트가 말하려는 a priori와 의미적으로 동일성 범위에 있는가 하면, 그렇지도 않다. 위에서 언급한 세 가지 문제점이 전혀 개선되지 않는다. 선험이라는 단어를 설명할 때마다 '경험에 앞선'으로 그 의미를 풀어야 하는데, 그때마다 필요 이상으로 순서성이 강조되고 만다. 칸트가 a priori라는 단어를 사용한 까닭은 〈모든 지식은 경험에서 생겨난다〉라는 명제를 반박하기 위함이었다. 그러면서도 〈모든 지식은 경험에서 시작된다〉라는 명제는 옹호해야 한다. 이 두 가지 명제가 함께 존속해야 한다. 이런 문제를 해결하려면, 단지 순서성만을 강조하는 게 아니라(그러면 두 번째 명제를 위반한다), **경험과 무관한 성격을 강조**해야 한다. 그렇게 함으로써 경험적 지식은 경험을 통해 알게 된다는 상식을 지킴과 동시에, 경험과 무관한 지식의 경우, 한편으로는 경험함으로써(공부함으로써), 즉 경험적 지식으로 바꿈으로써 '알게' 되고, 다른 한편으로는 경험과 무관한 루트를 통해 '지니게' 된다고 설명할 수 있다. 이런 생각을 좀 더 쉽게 표현하기 위해 칸트는 a priori라는 단어를 쓴 것이므로, '경험에 앞선'이라는 순서성의 의미보다는 '경험에 독립적인' 혹은 '경험과 무관한'이라는 의미가 더 강하다. 수학이나 자연과학의 법칙들은 인간의 경험과는 아무 관련이 없다. 그런데 그것들의 성격이 선험적이라고 표현하면, 의미적으로 이상해진다. 이로 말미암아 소통의 혼란을 초래한다($y=2$). 그러므로 a priori의 한국어 번역어로서 '선험적'의 단어 위상은 다음과 같다.

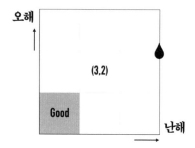

'선험적'은 '선천적'이라는 단어보다 나을 게 없는 번역어이다. 반세기 전에 사용하던 단어가 요즘 유행하는 단어보다 더 좋은 번역이라니, 당대의 철학자들이 부끄럽다. 그런데 부끄러움이라면 한국 칸트 학회를 거론하지 않을 수 없다. 그들은 a priori를 라틴어 음역 그대로 **'아프리오리'**로 번역해야 한다고 주장한다. 그들은 그것이 학회의

'필수 표기법'임을 당당하게 발표했다. 오늘날 철학자들이 사회에서 얼마나 멀리 격리되고 말았는지를 대표적으로 증거하는 사례이다. 이 단어의 위상은 다음과 같다. 명확, 불명확을 따질 수 없을 정도로 의미가 통하지 않는다 (x>3). 칸트를 전공한 학자들에게는 무리 없는 단어일 것이다. 그러나 일상 생활에서 이 단어를 사용하면서 아는 척하면 욕만 먹는다. 원문을 음역했으므로 출발 언어와 도착 언어의 의미가 일치했다. 그러나 귀찮아서 번역하지 않은 셈이고, 소통을 포기한 번역이다(y=3). 아프리오리 번역어를 주장하는 사람들은, '선천'이라는 단어가 학문적이지 않아서 싫고, '선험'은 transcendental의 번역어로 사용하고 싶기 때문이다. 어느 쪽이나 타당하지 않다. 도무지 채택할 만한 번역어가 아니다.

새로운 단어를 접해 그걸 기억하는 것도 철학의 즐거움이다. 그러나 그걸 소통의 규범으로 삼고자 한다면, 대중화를 포기한 대가를 지불해야 한다. 바로 '철학 죽이기'이다. 이런 대가가 한국인에게는 큰 손해이지만, 칸트 학회 소속 철학자들에게는 대수롭지 않은 것 같다. 철학을 컬트화하면서 철학자가 살고, 칸트를 죽이면서 칸트 전공자가 옷깃을 세우는 그런 기이한 일로 비친다. 칸트 철학에 제대로 입문한 다음에, 철학 용어의 즐거움을 누려도 좋을 일이다. 그러나 그 입문을 방해하는 용도로 쓰여서는 안 된다. 그나마 제법 무리 없이 의미를 전할 수 있는 '선천적'이라는 단어가 있음에도, 그걸 외면하고 평범한 한국인이 알 수 없는 저 국적 없는 단어인 '아프리오리'로 번역해야 한다는 주장은 학자가 자기 지식을 독자에게 강요하려는 엘리트의 욕망에 불과하다. 지식 공유가 문화로 자리잡은 이 시대에 극소수의 사람끼리 대화할 수 있는 단어로 칸트 철학을 독점하고 싶은 욕망은 시대에 한참 뒤처진 발상이다. 특히 다른 책은 몰라도 〈순수이성비판〉에서는 그런 발상조차 불가능해 보인다. a priori는 〈순수이성비판〉에서 800회 넘게 등장하기 때문이다. 한 권의 책을 한국어로 번역하면서 독자들이 알지도 못하는 '아프리오리'라는 단어를 800번이나 반복해서 번역한 〈순수이성비판〉을 상상하면 내 마음이 다 아프다.

이상으로 a priori의 번역어로 '선천적', '선험적', '아프리오리'의 단어 토폴로지를 살펴보았다. 이 셋 중에서 사람의 머릿속에 관한 한 '선천적'이 가장 좋은 번역어 위상을 갖는다. 그러나 '사람'이 아닌 수학이나 과학 지식에 대해서는 어색하다. 이런 문제점을 그대로 놔두면 좀처럼 칸트 선생의 가르침이 전해지지 않을 것 같았다. 오랜 탐험 끝에, '경험 무관한'이라는 번역어를 제안한다. 왜냐하면 이 번역어가 칸트가 전하려는 a priori의 의미에 정확히 들어맞기 때문이며, 그러면서도 앞에서 살펴본 문제점들을 단번에 해결할 수 있기 때문이다. 즉, 인간의 판단이나 개념뿐 아니라 수학과 자연학의 a priori도 자연스럽게 해명할 수 있고, 순서적인 의미도 없는 데다가, 단어 의미가 매우 쉽고 자명해서 혼란스러움을 초래하지 않기 때문이다 (x=1, y=1). 실제로 대부분의 문장이 자연스러워졌다. 만약 '경험 무관한'의 의미가 모호하다면, 칸트의 가르침에 따라, {필연적으로, 반드시 나타나는, 보편적인, 언제 어디에서 존재하는}으로 풀어서 이해하는 게 편리하다고, 독자들에게 주석으로 안내할 수 있다. 즉 a priori의 번역어로서 '경험 무관한'의 위상은 (1,1)로 단어 토폴로지 평면에 다음과 같이 나타낸다.

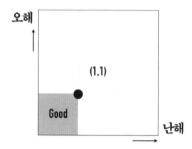

〈순수이성비판〉 서문 [B3] 단락에서 기존 번역을 인용해 보자.

"그러므로 앞으로 우리는 **선험적** 인식이라는 말로써, 이런 경험 혹은 저런 경험으로부터 독립적으로 생긴 인식이 아니라 단적으로 모든 경험으로부터 독립적으로 생긴 그런 인식을 의미할 것이다. 이런 인식에 대립해 있는 것이 경험적인 인식, 말하자면 오직 후험적으로만, 곧 경험을 통해서만 가능한 인식이다. **선험적인** 인식들 가운데서도 전혀 아무런 경험적인 것도 섞여 있지 않은 그런 인식을 순수하다고 일컫는다. 그래서 예컨대 '모든 변화는 그 원인을 갖는다'라는 명제는 **선험적인** 명제이기는 하지만, 순수하지는 않다. 왜냐하면 '변화'라는 개념은 오직 경험에서만 얻을 수 있는 개념이니 말이다." (백종현)

이와 같은 번역에 잘못이 없다. 그러나 '선험적'이라는 단어 대신 '경험 무관한'으로 바꾸고 문장을 우리말 표현에 맞게 바꾸면 의미가 더 쉽게 전해진다.

"그러므로 이제부터 우리는, **경험 무관한** 인식이란 이런 저런 경험과는 독립적으로 발생하는 것을 의미하는 게 아니라, 모든 경험에 절대적으로 독립해서 생기는 것을 의미하기로 한다. **경험 무관한** 인식은 단지 후천적으로, 즉 경험을 통해 가능해지는 경험적 인식과는 아주 다르다. 그런데 지식 안에 무엇이든 어떤 경험적인 것도 섞이지 않는다면, 그런 **경험 무관**한 인식을 순수하다고 칭한다. 그러므로, 예컨대 〈모든 변화는 원인을 갖는다〉라는 명제는 **경험 무관한** 명제이지만, 순수한 것은 아니다. 왜냐하면 변화는 오직 경험에서 얻을 수 있는 개념이기 때문이다."

초월이냐 선험이냐

Transcendental

2018년의 일이었다. 칸트 철학의 몇몇 용어를 둘러싸고 백종현 교수 쪽과 한국칸트학회 쪽으로 나뉘어서 한겨레신문에서 지면 논쟁을 벌였다. 칸트 번역 논쟁이 시작됐다면서 대단히 이슈가 되기는 했는데, 그 실질은 아카넷 출판사의 칸트 번역본과 한길 출판사의 칸트 번역본, 다시 말하면 백종현 교수의 번역본과 한국칸트학회의 집단 번역본 사이의 출판 시장 논쟁에 불과했다. 호들갑을 떨 일은 아니었다. 한국칸트학회는 최재희 교수의 번역을 계승한 것이다. 다음과 같이 정리할 수 있다.

최재희 번역(한국칸트학회)	백종현 번역
선험적	초월적

이 단어는 〈순수이성비판〉에서 약 650회 정도 나타난다. 칸트는 transcendental이라는 단어의 뜻을 여러 번 반복

해서 강조한다. 사실 그다지 어려운 의미의 단어가 아니다. 독일어든 영어든 한국어이든 그냥 '초월적'이라는 뜻이고, 여기에 어떤 잘못이 없다. 그런데 '초월적'이라는 표현을 들었을 때, 사람들의 머릿속에서 생기는 어떤 신비적 어감과 칸트가 transcendental이라는 단어로 전하려는 메시지 사이에 차이가 있다. 예를 들어 '초월적 존재'라고 한다면, 우리는 금방이라도 어떤 한계를 뛰어넘는 신 같은 존재를 떠올린다. 서양 사람들도 마찬가지였다. 그런데 칸트는 그런 의미의 단어로는 transcendental이 아닌 transcendent라는 단어를 쓴다. 하지만 칸트가 완벽하게 구별해서 쓰는 것도 아니어서 가끔 transcendent라는 단어를 쓸 대목에서 transcendental이라는 단어를 사용하기도 한다. 칸트 철학을 전공한 학자들은 칸트의 실수 혹은 잘못이라고 한다. 그러나 나는 칸트가 스스로 실수라고 여기지는 않았으리라 생각한다. 왜냐하면 칸트 스스로 transcendental과 transcendent의 차이를 분별하고 있기는 하지만, 동시에 '초월'이라는 이 두 단어의 의미적 공통점도 그가 분명히 알고 있기 때문이다. 그래서 수정할 기회가 있었음에도 굳이 고치지 않은 것이다.

칸트의 메시지를 먼저 살펴보자. 우리 인간은 대상에 대한 지식을 그 대상과 관계를 맺으면서, 즉 경험하면서 획득한다. 그런데 사람마다 경험이 다르기 때문에 대상에 대한 지식이 같지 않다. 경험이 차이를 만든다. 당신과 나 사이에는 경험이라는 장벽이 놓인다. 우리는 서로 완전히 다른 사람이므로, 경험이 한계 짓는 그 경계는 필연적이고 절대적이다. 그런데 우리는 당신과 나 사이에 어떤 공통점이 있음을 안다. 그것이 인간을 인류로서 존재하도록 만드는 것이며, 칸트가 그것을 탐구한다. 〈순수이성비판〉은 지식을 얻으려는 '인류 공통의' 머릿속 알고리즘에 대한 보고서이다. 칸트는 생각한다. 〈그런 경험의 장벽과 한계를 넘어설 수 없을까?〉 만약 경험의 장벽을 초월할 수 있다면, 즉 우리가 경험의 벽을 넘어갈 수 있다면, 적어도 그 순간만큼은, 당신과 나는 다같이 '인류'로서 차이가 없어진다. 그때의 초월이 바로 transcendental이다. 우리가 무엇인가를 '인식'할 때, 당신과 나 사이에는, 경험의 장벽이 분명히 있다. 그럼에도 이런 경험의 장벽과 한계를 넘으려면, 경험과 무관하게 우리 인류가 공통적으로 미리 갖고 있는 것이 있어야 한다. 그러므로 '경험 무관한 (a priori) 인식'의 성격이 있어야 한다. 그리고 그 결과가 중요하다. 우리가 당신과 나 사이에 있는 경험의 장벽을 넘어 그 한계를 초월했으므로, 결국 **'인류 공통의'**라는 뜻과 거의 정확히 일치한다. 이때의 초월이 또한 transcendental이다.

칸트에게 이것은 너무나 중요하다. 왜냐하면 인간이 대상을 인식할 때, 다시 말하면 대상을 경험할 때, '그때 우리 인간의 머릿속에서 어떤 일이 일어날까?'를 탐구하는 작업이 〈순수이성비판〉이기 때문이었다. 인간의 머릿속으로 들어가는 작업이었다. 그때의 인간은 개별 인간이 아니다. 인류 전체에, 모든 인간에게 공통으로 적용할 수 있는 인간이어야 한다. 즉, **'초월적 인간'**이어야 하는 것이다. 사람은 모두 경험이 다르지만, 그런 경험의 한계를 초월해서 모든 인류에 적용할 수 있는, 그러므로 모든 인간이, 경험과 무관하게, 이미 갖고 있는, 그러면서 경험을 가능하게 하는 그런 것을 일컬어 칸트는 transcendental이라고 했던 것이다. 그리고 칸트는 자신의 철학을 transcendental philosophy, 즉 초월철학이라고 명명했다.

이런 transcendental은 **인식 주체들 사이에서 벌어지는 초월**이며, 이때의 초월은 당신과 나를 경계 짓는 그런 경험의 한계를 초월하는 것이다.

한편 경험의 한계가 이런 인식 주체에만 있는 것은 아니다. **인식 대상에 대해서도** 경험의 한계가 있고, 이것은 초월하고 싶어도 초월할 수 없다. 그런 초월을 일컬어 칸트는 transcendent라 칭했다. 칸트는 인간의 지식은 경험을 통해 획득된다고 전제한다. 경험은 대상 그 자체를 직접 얻는 게 아니다. 인간의 머릿속으로 그 대상을 받아들이는 것이다. 이것이 바로 인식 대상에 대한 경험의 한계이다. 경험을 통해서는 대상 그 자체에 직접 닿을 수 없기 때문에, 그것의 '참된 의미'를 인간의 머릿속으로 가져올 수 없다. 그렇기 때문에 인간은 경험의 한계를 넘어서 있는 사물이나 존재 자체를 알 수 없다는 결론에 이른다. 생각할 수는 있어도 진리는 알 수 없다는 뜻이다. 대략 맞을지는 몰라도 확정할 수 없다. 그러므로 대상 그 자체는 경험의 한계 바깥에 있다. 그러므로 경험의 한계 바깥에 존재하는 모든 대상 그 자체는 transcendent의 성격을 갖고, 그런 것들에 관해서는 무엇이 참이요 무엇이 거짓인지 정확히 판단할 수 없다. '이것이 진리이다'라고 생각하는 순간 오류에 빠진다.

이처럼 transcendental과 transcendent, **둘 다** '경험의 한계를 초월한'이라는 뜻을 갖는다. **인식 주체에 관해서** 경험의 한계를 초월함으로써 인류 공통에 적용할 수 있다는 의미로는 transcendental이다. 이것은 긍정적인 의미를 갖는다. 반면 **인식 대상에 관해서** 경험의 한계를 초월함으로써 우리가 그것에 대한 참된 지식을 얻을 수 없다는 의미로는 transcendent이다. 이 경우에는 부정적인 의미가 된다.

이제 transcendental의 우리말 번역어로서 '선험적'의 단어 위상을 살펴보자. 일단 '선험적'은 일본 번역에서 수입한 단어이고 한국인의 일상 생활에서는 사용되지 않는다. 그러므로 그 의미가 분명하지 않은 데다가, 전문가 수준의 지식이 아니라면 '선험적'이라는 단어로 칸트의 transcendental의 개념을 떠올릴 수 없다(x=3). 무엇보다 '선험적'이라는 번역으로는 칸트가 transcendental과 transcendent를 혼용해서 사용하는 까닭을 설명할 수 없다. 이런 번역을 옹호하는 사람들은 '자기들의 실수'를 감추려고 칸트를 탓한다. 이들은 칸트보다 칸트를 더 잘 아는 사람들이다.

칸트가 쓴 문장을 가져와 보자. 〈순수이성비판〉 B80 부분이다.

〈여기서 나는 한 가지 논평을 해둔다. 그 중요함은 앞으로 이어지는 모든 고찰에 미치니 그러므로 주의 깊게 기억해야 한다. 모든 a priori한 인식이 transcendental이라고 칭해지는 것이 아니라,[2] 어떤 표상들(직관과 개념)이 경험 무관하게 적용되거나 가능해진다는 사실을 우리가 인식하며, 또한 그런 것이 어떻게 이루어지는지를 우리가 경험 무관하게 인식하는 오직 그런 인식만을 [3] transcendental이라 불러야 한다(즉, 경험 무관하게 인식을 가능하게 하거나, 경험 무관하게 사용하는 것)〉

Transcendental을 '선험'으로 번역해야 한다고 주장하는 사람들은 칸트의 이 부분의 설명에 근거한다. 이처럼 칸트는, 인식 주체의 관점을 전제로, 경험에 근거하지 않은 a priori한 것을 transcendental이라고 호칭하는데, 이를 '선험'이라고 번역하면 완전 동어반복이 되면서, 마치 모순율에 위반하는 표현이 되는 듯하다. 그래서 이런 동어반복과 모순율 위반을 은폐하고자, 이 단어를 '선험적'이라고 번역하는 '관례'를 고집하는 사람들이 a priori를 아예 '아프리오리'로 음역하자고 주장하는 것이다. 서양에서든 한국에서든 transcendental은 '초월'이라는 본래의 의미가 있다. 이런 전통적인 의미를 무시하고 번역자가 함부

---

[2] 수학의 원리들 그 자체는 선천적이지만 초월적이지는 않다.

[3] 경험과 무관하게 우리 인간이 미리 갖고 있는 인식 형식만을 가리킨다. 인식의 내용은 경험에서 얻어지는 것이기 때문이다.

로 '선험'이라는 단어를 붙이는 것은 저자의 의도에 반하는 것이다. 칸트가 transcendental과 transcendent를 가끔 혼용하는 까닭을 도무지 파악할 수 없게 만든다. 그러므로 오역이다(y>3). 이런 번역가의 행동 때문에, 다른 분야의 학문에서는 transcendental을 초월이라고 번역해도 되지만, 어째서 유독 칸트 철학에서는 선험이라고 번역해야 하는 것인지 헷갈리게 만들었을 뿐 아니라, 정작 칸트 철학에 대해서도 쓸데없는 번역 논란과 혼란을 초래하고 말았다. 설령 그 의미가 '선험적'이라고 할지라도, 번역자가 주석을 붙이는 것만으로 충분함에도 저자의 영역까지 함부로 침범한 **월권**이라 하겠다. 이런 혼란을 자신만만하게 조장해서 얻을 이익도 없다. 칸트의 진심을 헤아리기보다는 대철학자의 명예를 훼손하면서까지 지켜야 할 관례라는 것이 고작 일본식 번역이라니, 번역을 둘러싼 역대급 코미디라 하겠다. 그러므로 transcendental에 대한 번역어 '선험적'이라는 단어의 위상은 다음과 같다.

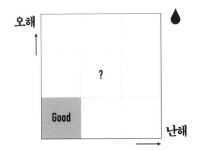

이번에는 '초월적'이라는 단어를 분석하자. 무엇인가의 한계를 넘어섰다는 의미가 명확히 전해진다. '초월적'이라는 단어는 중학생 수준으로 이해할 수 있다(x=1). Transcendental은 칸트 이전이든 이후이든, 칸트 철학이든 아니면 다른 사상에서든 '초월적'이라고 번역한다. 그리고 언어 표현에 민감했던 칸트 자신이 그런 사실을 누구보다 잘 알고 있다. 다만, 칸트가 말하려는 '인류 공통의'라는 의미는 전해지지 않지만, 주석으로 쉽게 해결할 수 있는 문제다. 그렇기 때문에 번역가가 주석을 다는 것이다. 따라서 (1,1)의 단어 위상을 갖는 '초월적'은 transcendental에 대한 번역어로서 '선험적'에 비해 훨씬 좋은 번역이다. 아니, 비교조차 안 된다.

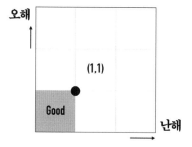

한편 일군의 번역가가 '초월론적'이라는 단어를 사용하기도 한다. 의미가 중대하게 달라지지는 않았다(y=1). 그

러나 이 또한 일본식 모방이다(최근의 일본 번역이 '초월론적'이다). '론論'이라는 단어를 남용하는 것은 일본 학자들의 **고질적인** 습관인데, 굳이 우리가 따를 필요가 없다. 의미를 간명하게 전하는 것이 언어의 역할이다. '론'이니 '학'이니 하면서 필요 이상 의미를 과장하는 나쁜 습관이 일본 문화에서는 어떻게 통할지는 몰라도, 지식의 쉽고 빠른 공유를 원하는 오늘날 한국 문화에서는 바람직하지 않다. '론'이라는 한자어를 붙임으로써 뭔가 개선되는 것도 없다. '초월적'이라는 단어의 의미를 모호하게 만들 뿐이다. 그만큼 철학은 난해해진다. 칸트가 말하려는 메시지를 정확하게 전하려는 역할도 못한다. '론'을 하나 추가했을 뿐인데, 의미는 불명확해지고, 난이도는 올라가며, 칸트 철학을 모호하게 만드는 데 기여할 뿐(x=3), 괜히 '초월적'과 '선험적'의 번역 논쟁을 해결하기보다는 혼란을 하나 더 추가할 뿐이다. 바람직한 번역어가 사용되고 있음에도, 그걸 외면하는 것도 능력이다. 따라서 transcendental의 번역어로서 '초월론적'의 위상 (3,1)은 단어 토폴로지 평면에 다음과 같이 나타낸다. 칸트의 〈순수이성비판〉은 두 개의 권으로 나뉜다. 제1권은 '초월적 요소론'이고, 제2권은 '초월적 방법론'이다. 이것을 초월론적 요소론, 초월론적 방법론이라고 일본식으로 표현하는 것도 학문을 쓸데없이 장황하게 만들 뿐이다.

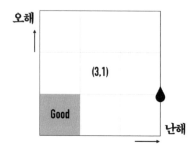

한편 칸트는 자신의 철학을 일컬어 당당하게도 transcendental 철학이라고 명명했다. '초월철학'으로 번역하면 인식 주체에 관해 경험의 한계를 극복한, 즉 회의주의를 극복한 인류 공통의 철학으로서 그 당당함을 느낄 수 있다. 인간이 인식의 세계에서 경험의 한계에 갇히면 회의주의에 빠진다. 그런데 '선험철학'으로 번역하면, 경험과 무관한 철학 혹은 경험에 앞선 철학이라는, 해괴망측한 개념으로 변모해 버리니, 이는 실로 한국 칸트 학자들이 칸트의 명예를 훼손하는 일이 아닐 수 없다.

초경험이냐 초험이냐

Transcendent

학자들은 '초험적'이라고 번역한다. 한자를 조립해서 새로운 단어를 만들어 내는 일본식 번역이다. 무슨 단어인지 모르기 때문에 의미가 모호하다. 웬만해서는 알지 못하는 단어이다(x=3). 물론 한자를 하나씩 풀어보면 원문과 동일성 범위 안에 있을 것이다. 그러나 한자에 대한 지식이 필요해서 젊은 독자에게는 주석이 필요하다(y=1). 그러므로 transcendent의 번역어로서 '초험적'의 단어 위상은 다음과 같이 단어 토폴로지 평면에 나타낼 수 있다.

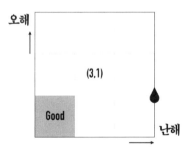

인간은 경험을 통해 지식을 얻는다. 그리고 경험을 통해서 어떤 지식의 참과 거짓을 검증한다. 어떤 대상이 transcendent하다는 것은 그 대상을 경험할 수 없으며, 경험으로 검증할 수도 없다는 의미가 된다. 그러므로 '초경험적'이라고 번역하면 아주 적당하다. 그 의미가 명확하기 때문이고, 중학생 수준이면 알 수 있는 단어이기 때문이다(x=1). 게다가 칸트의 출발 언어와 의미가 일치한다. 오해 가능성이 없고 소통에도 어려움이 없다(y=0). 그러므로 transcendent의 우리말 번역으로서 '초경험적'의 단어 위상은 다음과 같이 단어 토폴로지 평면에 나타낼 수 있다.

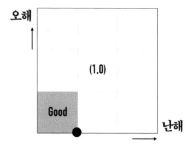

그렇다면 transcendent를 '초험적'으로 번역할 게 아니라 '초경험적'으로 번역하면 그만이다. 음절이 하나 늘어났지만, 쉽고 명확한 철학을 얻기 위해 음절 하나를 지불했을 뿐이다.

형식이냐 형상이냐

Form

서양 철학에서 가장 중요한 단어 10개를 꼽으라 하면, 아마도 form이 그중에 포함될 것이다. 왜냐하면 이 단어가 플라톤의 '이데아론'의 그 이데아를 지칭하기 때문이다. 오늘날 우세한 영어 번역은 이데아를 form으로 번역한다. Idea라는 알파벳 단어는 이데아가 사유물임을 나타내는 데 장점이 있지만, 플라톤이 말하려는 이데아의 본질(즉, 완벽하고 절대적인 형식)을 나타내는 데에는 부족하다. 그런 점에서 idea보다는 form으로 플라톤의 이데아론을 표현한다. 또한 이 단어는 아리스토텔레스의 '에이도스 eidos'이기도 하다. 이것을 일본 학자들이, 플라톤 철학을 지칭할 때에는 '이데아'라고 번역하지만, 아리스토텔레스 철학에서는 '形相'으로 번역했다. 그리고 한국 철학자들이 이를 받아들여 지금에 이른다. 플라톤의 form과 아리스토텔레스의 eidos는 동의어임에도, 전자는 이데아라고 칭하고 후자는 형상이라 부른 것이다. 이런 사소한 어긋

남이 철학을 어렵게 만든다.

Form의 번역으로서 형상이라는 단어의 경우, 그것이 철학 분야에서 사물 혹은 존재의 본질을 뜻하는 것인지 아니면 사물의 외관이나 형태를 의미하는 것인지 모호하다. 물론 어려운 단어는 아니다. 그러나 우리가 흔히 shape로 이해하는 사물의 외관이나 형태라는 의미로서 form의 뜻이 연상된다면, 우리는 결코 서양 철학의 정수를 만날 수 없다(x=2). 그런 점에서 유사한 단어처럼 보이지만 그 의미가 다른 번역이다. 당연히 형상이라는 기호가 갖는 의미와, form이 갖는 철학적 의미 사이에 큰 차이가 있어서 소통에 혼란이 초래된다(y=3).

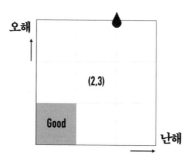

서양 철학에서 form은 이데아이며, 사물의 완벽한 본성을 뜻한다. 예컨대 모든 존재는 변화하는 부분과 변하지

않는 부분으로 나눌 수 있다고 우리가 가정할 때, 변화하는 부분은 결코 form이 될 수 없다. 변하지 않는 부분만이 form에 해당한다. 변화하는 부분과 변화하지 않는 부분 중에서 무엇이 더 그 존재의 본질에 해당하느냐고 묻는다면, 서양 철학의 전통적인 입장에서는 변화하지 않는 부분이라고 답할 것이다. 한편 불변의 form을 탐구하는 학문을 일컬어 형이상학이라고 한다. 인간의 form은 무엇일까? 육체는 form이 될 수 없다. 그것은 변화하고 소멸하기 때문이다. 전통적으로 서양 철학자들은 인간의 form을 그 인간의 정신soul으로 봤다. 그렇기 때문에 인간이 죽더라도 정신(영혼)의 불멸성이 논의되었던 것이다. Form은 소멸하지 않기 때문이다. Form의 번역어로서 형식은 그 의미가 명료하다. 일상 생활에서 자유롭게 소통하는 쉬운 단어이다(x=1). 철학 용어로서는 '완벽한'이라는 수식어가 필요하다는 점에서 의미가 약간 다르고, 그런 점에서 주석이 있어야 이 단어의 참뜻을 알 수 있다(y=1). 따라서 form의 번역어로서 '형식'의 단어 위상은 다음과 같이 표현할 수 있다.

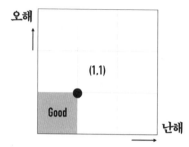

정합도가 약간 어긋나 있고 오해 가능성이 있기는 해도, form의 번역어로 형식이 형상보다 훨씬 합당한 번역이다.

재료냐 질료냐

Matter

학자들은 지금껏 matter를 '질료'라 불렀다. 일본 학자가 質料로 번역한 이후 지금에 이르렀다. 우리나라 말이 아닌 까닭에 그 의미가 모호하다. 이 단어의 뜻을 정확히 알려면 전문가 수준의 지식이 필요하다($x>3$). 나는 이 단어를 일상 생활에서 평범하게 사용하는 사람을 보지 못했다. 가끔 자기 지식을 뽐내려는 입술을 통해서 듣기는 했어도 보통의 의사소통에는 기여하지 않는 단어이다. 번역어 '질료'가 matter와 동일성 범위 안에 있는 단어라고 인정하더라도, 사회적인 언어 관습이 없는 단어여서 그런 사실을 검증할 방법이 없다. 그런 이유로 지식의 전달과 이해와 토론에서 소통이 어려운 단어이다($y=3$). 그러므로 matter의 우리말 번역으로서 '질료'의 단어 위상은 다음과 같다.

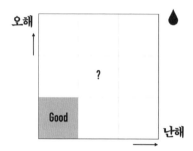

그러나 matter의 번역어로서 '재료'라는 그 의미가 명확한 단어가 있다. 인간의 정신이 존재의 본질이며, 따라서 정신이 인간의 form이 되고, 인간의 몸은 그 본질을 담는 재료이자 내용이 된다. 재료를 모르는 한국인은 거의 없을 것이다(x=0). 질료와 마찬가지로 재료도 동일성 범위 안에 있는 단어이며, 오해 가능성이 없고 소통에도 어려움이 없는 단어이다(y=0). 이런 평범한 한국어를 놔두고 일본식 단어인 질료를 선택할 이유가 없다. 따라서 matter의 우리말 번역어 '재료'의 단어 위상은 다음과 같이 단어 토폴로지 평면에 나타낼 수 있다.

다만 인간 행위에 관련한 도덕철학 분야에서 matter를 '재료'로 번역하면 모호성이 증가하고, 소통에도 다소 혼란이 나타난다. 그런 경우에는 '내용'으로 바꿔 번역하면 된다. 즉 철학 용어 matter는 {재료, 내용}에서 어느 하나를 선택하여 번역하면 의미의 손실 없이 적당하다.

이로써 아리스토텔레스의 저 유명한 Form and Matter는 '형상질료론'이나 '질료형상론'으로 번역될 것이 아니라, 형식과 재료, 형식과 내용, 재료와 형식, 내용과 형식이라는 보통의 언어로 번역되어 평범하게 소통될 수 있게 되었다. 이렇게 언어가 평범해지면, 지식을 뽐내려는 욕망도 순해진다.

이데아냐 이념이냐

Idea

〈순수이성비판〉에서 'idea'는 두 가지 의미로 쓰인다. 머릿속 생각을 일반적으로 지칭할 때에는 '관념'이라는 뜻이다. 그런데 순수 이성의 개념 형식을 뜻하는 것으로 콕 집어 쓰이기도 하는데, 그때의 뜻은 플라톤 철학의 핵심 용어인 '이데아'를 지칭하는 단어였다. 옛날 일본 학자들이 이것을 '理念'으로 번역했다.

인간의 머릿속에는 감수성, 지식, 이성이라는 고유한 요소들이 있다. 감수성은 감각 데이터를 시간과 공간이라는 형식 안으로 수용한다. 지식은 감수성이 수용한 감각 데이터에 개념이라는 형식을 적용해서 그 데이터를 판단한다. 이성은 지식의 여러 개념과 판단을 연결하여 추리하는 능력이며, 인간으로 하여금 더 큰 원리에 관심을 갖게 해준다. 칸트는 인간 지식에 관한 한 경험주의자였다. 앎이라고 하려면 감수성의 역할이 필수적이었다. 그런데 칸트가 생각하기를, 인간의 이성은 경험에 의존하지 않고 머릿속에 들어있는 개념만으로 그것들을 이어 붙이면서 제멋대로 원리를 만들어 내기도 한다. 그래서 인간은 하나같이 '신은 언제 어디에서나 존재한다', '우주는 시작과 끝이 있다', '나는 죽어서 다음 세계로 갈 것이다' 등의 생각을 하는 것이다. 이런 신, 우주, 영생이라는 관념은 경험에서 얻은 지식이 아니었다. 이성이 경험의 도움 없이 자기 멋대로 머릿속 개념(범주 혹은 순수 지식 개념)들을 연결해서 만들어 낸 생각이었다. 칸트는 이런 이성의 생각을 일컬어 오류라고 했다. 참된 지식이나 진리라고 착각하는 오류, 그러나 인간이라면 어쩔 수 없는, 자연스럽게 발생하는(즉, 순수한) 오류였다. 칸트는 12개의 지식 개념에 '범주'라는 이름을 붙였다. 그렇다면 이런 '불가피한 오류'를 낳는 순수 이성의 개념들에는 어떤 이름을 붙여줘야 하는가? 칸트는 고민 끝에 플라톤의 용어, '이데아'를 차용했다.

그런데 이 나라 철학자들은 옛 일본 학자의 번역을 존중하여 '이념'으로 번역한다(나는 가끔 이들이 칸트보다 그들의 스승의 스승의 스승인 일본 번역자를 더 존경하는 게 아닌가 하는 의심이 들 때가 있다). 그들이 칸트의 순수 이성 개념을 몰라서가 아니다. 바꾸기 싫은 것이고, 그래서 교정하지 않은 것이다. 애석하게도 우리가 보통으로 사용하는 의미의 그 이념이 아니다. 좌우 이념, 이념 대립의 그 이념도 아니며, 건국 이념이나 통치 이념의 이념도 아니다. 그럼에도 같은 단어를 썼으니 '이념'이라는 이 용어의 '다른 의미'가 칸트 철학의 '이념'이라는 단어에 섞이고 말았다. 이런 현상을 칸트가 얼마나 걱정했던지, 칸트는 〈순수이성비판〉 B369에서 다음과 같이 진술했다.

〈우리 말독일어의 어휘가 매우 풍부함에도 불구하고, 생각하는 사람들은 개념에 꼭 맞는 표현을 자주 찾지 못하고, 이런 결핍 때문에 타인은 물론 심지어 자기 자신에게도 올바르게 지식을 전하지 못한다. 그러나 새로운 단어들을 만들어 내는 일은 무례하게도 언어를 입법하는 것이어서 거의 성공하지 못한다.[4] 그러므로 그런 의심스러운 방법에 의지하기 전에, 지금은 사용하지 않지만 우리가 알고

---

[4] 이렇듯 칸트가 예견한 것처럼, 일본식 철학 번역은 성공하지 못했다. 그들이 만들어 낸 번역어는 평범한 사람들이 보통으로 사용하는 언어가 아니라 새롭게 발명한 단어들이었다. 그래서 간단하고 명료한(명료해야 하는) 서양 철학의 개념들을 복잡하고 모호하게 만드는 독창적인 기예만 후대에 전승했을 뿐이다. 오히려 영어가 더 쉬우니 한심한 일이다. 내가 이 책에서 제안하는 대안 중에서 새롭게 만든 단어는 하나도 없다. 흔히 사용하는 보통어에서 알맞은 단어를 찾아 그 알맞음을 분석했을 뿐이다.

있는 언어를 둘러보면서 이 개념_{순수이성의 개념}에 적합한 표현이 있는지 알아보는 것이 바람직하다. 또한 **고대의 표현**이 그 표현을 만들어 낸 사람들의 부주의로 말미암아 다소 불안정하게 쓰였더라도, 스스로 단어를 만듦으로써 우리 기획을 이해 불가능하게 망치는 것보다는 차라리 옛 표현의 의미를 명확하게 정의하는 것이 더 낫다. 이런 이유로, 만일 하나의 개념에 하나의 단어만이 발견되고, 그 하나의 의미에서 그 단어가 이미 소개되어 있는 데다가, 이 개념에 정확히 맞는다면, 또한 만일 다른 연관 개념들로부터 순수 이성의 개념을 구별하는 일이 매우 중요하다면, 그런 단어를 남용하지 않는 것이 바람직하다. **다른 단어가 쓰이는 곳에 동의어나 대체 용어로 사용되지 않도록 하고, 그 알맞은 의미에서 조심스럽게 유지하는 것이 좋다.** 그렇게 하지 않으면, 그 표현이 특별히 우리의 주의를 끌지 못하고, 아주 여러 가지 의미를 갖는 다른 단어들의 더미 속에서 고유한 뜻이 상실될 때, 그 표현만이 지켜낼 수 있는 사상도 상실하게 되는 일이 쉽게 일어나기 때문이다〉

그러면서 칸트는 몇 페이지에 걸쳐 플라톤의 〈이데아론〉을 비평한다. 결국 'idea'는 '이데아'로 번역해야 한다. 그것이 **칸트가 원하는 번역**이었다. 다른 단어로 번역해서는 안 되는 것이었다. 순수 이성의 개념은 다른 단어와 섞이지 말아야 하기 때문이며, 플라톤의 〈이데아론〉의 그 '이데아'가 바로 연상돼야 하기 때문이었다. 그럼에도 일본 학자들이 제멋대로 '이념'으로 번역했던 것이다. 물론 플라톤을 번역하면서 '이데아'를 모두 '이념'으로 통일해서 번역했다면 칸트의 의도가 덜 왜곡되었을 것이다. 하지만 플라톤의 '이데아'를 일컬어 이념으로는 칭하지 않는다. 그러므로 '이념'이라는 단어가 사용되는 곳마다 칸트가 전하려는 순수 이성의 개념이 제대로 연상되지 않는다. 누군가 설명해 주지 않으면 의미가 명료하게 전해지지 않는 모호한 단어이다. '이념'이라는 단어 자체는 용법을 떠올리거나 사전을 찾아보면서 이해할 수는 있을 것이다. 그런데 번역은 저자의 명시적인 메시지를 정면으로 무시하였기 때문에, 전문적인 지식이 있어야만 '이념'의 의미를 알 수 있다(x=3).

이런 번역 때문에 칸트와 플라톤이 잘 연결되지 않는 혼란이 누적돼 왔다(y=3). 그러므로 idea에 대한 번역어 '이념'이라는 단어의 위상은 다음과 같다. 번역어에 적합하지 않은 단어 위상이다.

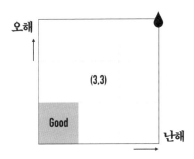

〈순수이성비판〉에서 idea는 '이데아'로 번역될 수밖에 없다. 물론 칸트의 메시지를 잘 이해하기 위해서는 책을 읽어야 한다. 그런 점에서 난이도가 있다. 하지만 플라톤의 '이데아론'은 인터넷과 유튜브를 통해 너무나 쉽게 얻을 수 있는 '흔한 지식'이다(x=1). 하지만 다른 번역은 있을 수 없다(y=0). 칸트의 순수 이성 개념인 idea의 우리말 번역 '이데아'의 단어 위상은 다음과 같다.

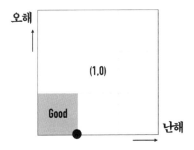

본질이냐 실체냐

Substance

형이상학은 서양 철학에서 가장 중요한 철학 분야 중 하나다. 형이상학은 대체 무엇을 탐구하는 철학일까? 다양하게 설명될 수 있다. 그런 설명 중에서 〈형이상학은 substance를 탐구하는 학문이다〉라고 말할 수 있을 정도로 substance는 형이상학을 이해하는 데 매우 중요한 단어이다. 서양 철학을 이해하는 단어 중에서도 가장 중요한 단어 중 하나라고 말할 수 있을 정도이다. 철학자들은 한결같이 '실체'라고 번역한다. 그러나 한국인에게 실체라는 단어의 뜻을 물어보면, 십이면 팔구 **'실제로 존재하는 물체나 실제 모습'**과 같이 답할 것이다. 쉽게 확인할 수는 없어도, 결국에는 **'감각적으로 확인할 수 있는 사실'**이라는 의미가 담겨있다.

그런데 서양 철학에서 substance는 그런 의미가 아니다.

Substance는 불변하면서 스스로 존재하는 그 무엇을 의미한다. 감각적으로 확인할 수 있는 것들은 변화하게 마련이고, 우연적이다. 따라서 substance가 되지 못한다. 그런 변화하는 속성을 지닌 것들을 일컬어 서양 철학자들은 accidents라 불렀다. 무릇 변하는 게 있다면, 변하지 않는 무엇도 있을 것이다. 사물(존재)에는 본질적인 것이 있을 것이고, 본질적이지 않은 것도 있을 것이다. 서양 철학자들은 본질은 불변의 성격이 있다고 생각했으며, 그렇기 때문에 본질이 더 우월한 것으로 보았다. 그리고 모든 감각은 변하는 것이되, 본질은 불변이니까, 감각에 의해서는 쉽게 확인할 수 없을 것이다. 그런 본질을 일컬어 서양 철학자들은 substance라고 표현했다. 철학자마다 substance의 의미를 다르게 규정했지만, 대체로 사유를 통해 인식하거나 발견하는 것, 즉 사유물로 이해했다. 우리들 머릿속에서 사물과 존재에 대해 '그것의 본질은 이것이다'라고 말할 수 있는 **변함 없는 형식**, 플라톤에게는 이데아form, 아리스토텔레스에게는 에이도스eidos, 종교 철학자들에게는 신God 혹은 신의 말씀logos, 라이프니츠에게는 모나드monad, 헤겔에게는 영spirit, 이런 것들이 substance에 해당한다.

〈순수이성비판〉에서, 칸트는 이러한 substance에 대해 말하기를, 우리 머리 바깥에 있는 게 아니라, 머릿속에 있는 순수한 개념 중 하나라고 설명했다. 시간에 따라 모든 것이 변화한다면, 우리는 변화를 제대로 인식할 수 없다. 모든 것이 움직인다면, 그 움직임을 제대로 파악할 수 없다. 그런 변화를 인식하려면 불변하는 무언가가 있어야 하고, 운동을 인식하려면 움직이지 않는 무엇인가가 존재해야 한다. 마치 좌표 축이 세워져 있어야만 운동을 정확히 파악할 수 있는 것과 같다. 우리들 머릿속에 있는 개념으로서, 변화를 인식하는 기준이 되는 불변성, 그것이 바로 substance이다. 칸트에게 substance는 어떤 존재 자체를 지칭하는 것이 아니라, 머릿속에 있는 개념이다. 예컨대 우리가 경험을 통해, 장미, 진달래, 개나리, 목련 등을 알게 됐고, 머릿속에서 그것들의 substance가 꽃이라고 정했다면, 그 이후 장미, 진달래, 개나리, 목련의 형태, 성질 등 모든 정보가 지워지더라도(잊히더라도) 꽃이라는 개념은 사라지지 않는다. 어째서 사라지지 않는 것일까? 칸트에 따르면, substance 자체가 인간 머릿속에 선천적으로 들어있는 개념이기 때문에, 일단 '꽃'에 substance라는 불변의 속성이 부여되면, 꽃이라는 개념은 불변하는 것이므로 머릿속에서 사라지지 않게 된다. 이렇듯 substance는 '실제로 존재하는 물체'(즉 실체)를 지칭하지 않는다. 왜냐하면 실제로 존재하는 물체는 변하게 마련이기 때문이다.

그런데 한일 양국의 철학자들처럼, substance를 '실체'로 번역하면, 이 단어에 대한 평범한 사람들이 갖는 상식적인 인상과 철학자들의 중요한 입장 사이에 큰 간격이 벌어진다. 동양 전통에서는 이 substance 개념이 없었기 때문에, 번역에 어려움을 겪어 왔다. 옛 문헌에 따르면 '태극'으로 번역되기도 했다. 현재에 이르러서는 '실체'라는 번역어가 자리를 잡았다. 그러나 철학을 혼란스럽게 만든 대표적인 번역어이다. 우선 실체 그 자체는 실제로 존재하는 물체나 실제 모습의 의미가 명확하게 전해진다. 중학생도 알 수 있는 단어이다(x=1). 그러나 앞에서 살펴본 것처럼 오역이다(y)3). 예를 들어 〈그의 실체가 만천하에 밝혀졌다〉라는 문장에서, 〈사건의 실체가 드디어 밝혀졌다〉, 〈짙은 안개 때문에 어떤 실체도 알아볼 수 없었다〉, 〈함께 가고 있다는 느낌뿐 실체는 느껴지지 않았다〉 등의 문장에서 사용되는 '실체'라는 단어의 의미는 서양 형이상학의 substance와 너무 다르다. 한국어에서 '실체'는 **감각적**이다. 서양 철학의 substance는 **사유물**이다. 엉뚱한 한국어 번역으로 말미암아 서양 철학의 정수를 만나기 어려워졌다. 그러므로 substance의 번역어 '실체'의 단어 위상은 다음과 같이 표현할 수 있다.

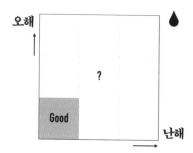

특히 실제로 존재하는 것을 지칭하는 reality를 '실재'로 번역하면서 그 혼란은 더 가중되고 말았다. 서양인에게 substance와 reality는 구별하는 데 어려움이 없다. 일단 철자가 너무 다르고, 의미의 섞임이 없다. 그러나 한국에서는(이 단어들을 발명한 일본에서도 마찬가지다), '실체'와 '실재'로 그 생김새가 너무 비슷하고, 의미도 매우 비슷해서 공연한 혼란이 독자들의 철학 입문을 방해한다. 서양 철학의 주변부에 있는 단어라면 이런 혼란이 그다지 심각하지 않을 수도 있다. 그런데 substance와 reality는 서양 철학의 한가운데에 있는 단어이니, 실로 이런 혼란은 심각한 문제라 하겠다.

그러면 어떤 단어로 번역하는 것이 합당할까? 우선 서양 철학의 핵심 용어로서의 특징을 가져야 하며, 불변성이 느껴져야 하고, 감각물이 아닌 사유물로서의 단어 위상을 가져야 한다. substance의 어원을 살펴보면 도움이 될 것이다. 단어 자체의 구성으로는 '아래쪽에서 서 있는'의 의미가 있지만, 고대 그리스어 우시아ousia, 라틴어 숩스탄티아 substantia는 '존재existence, 본질essence'이라는 뜻을 갖고 있었다. 우리는 지금 굉장히 중요한 단어를 발견했다. '본질'이다. 매우 명확한 단어이며, 실체에 비해서 어려운 단어도 아니다(x=1). 그러면서도 substance와 동일한 범위 안의 의미를 갖는다(y=1). 비록 essence를 지칭하는 단어로 오해될 수 있겠으나, 서양 철학에서 essence와 substance는 의미적으로 거의 같기 때문에, 소통에는 어려움이 없다. 만약 essence와 함께 등장하여 차이를 표현해야 하는 경우가 생긴다면(어디까지나 가정이다), 그때 substance를 '본질체'로 표현하거나 essence를 에센스로 음역하면 좋을 것이다. 이리하여 substance의 번역어로서 '본질'의 단어 위상은 다음과 같이 단어 토폴로지 평면에 나타낼 수 있다.

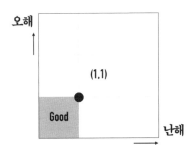

독자는 이런 물음을 가질 것이다. 본질이란 무엇인가? 이런 물음에 대해 철학자들은 저마다 자신의 답을 내놓는다. 그것을 공부하는 과정이 바로 서양 철학사이다.

비본질이냐 우유성이냐

Accidents

앞에서 우리는 substance에 대해서 자세히 살펴보았다. 그것은 불변의 본질이었다. 그렇다면 변하는 비본질도 있지 않겠는가? 그런 것을 일컬어 accidents라 한다. 예를 들어 어떤 구체가 있어서 구체의 형상은 그대로인데 구체의 표면 색깔이 시간에 따라 변하는 경우를 가정해 보자. 이런 경우에 변하지 않는 원형의 구체 자체가 본질로서 substance가 된다. 반면 색깔들은 변하는 것이고 그렇다면 그것은 모두 비본질로서 accidents다. 이것은 전혀 어려운 개념이 아니다. 우리는 철학자들과 마찬가지로 상식적으로 이런 생각을 해낼 수 있고, 쉽게 납득할 수 있다.

과거 일본 번역자들이 accidents를 偶有性이라고 번역했다. 한국 철학자들이 그 단어를 음역해서 지금도 '우유성'이라고 부른다. 한자를 제대로 알면 되는 게 아니냐는 입장일 것이다. 그러나 독자에게 의무를 부과하기보다는 더

효과적인 방법이 있을 것이다. 한자어에 능통한 국회에서 일하는 사람들을 붙잡고 '우유성'이라는 단어의 의미를 알고 있는지 물어보라. 어떤 이는 '밀크?'라고 답할 것이고, 또 어떤 이는 '우유부단'이라는 단어를 떠올릴 것이다. 대한민국을 대표하는 아주 높은 수준의 지식을 갖고 있는 사람조차 '우유성'이 accidents를 의미하는 단어임을 알지 못한다. 이 단어는 기본적으로 우리말이 아니기 때문이다(x)3). 철학 분야의 전문가 수준의 지식이 있지 않는 한, 소통은 불가능하다(y=3). 그러므로 accidents의 우리말 번역어로서 '우유성'의 단어 위상은 다음과 같이 표현할 수 있을 것이다.

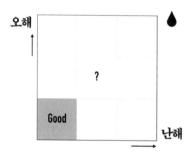

사람들은 accident의 우리말 번역어로 '우연'이라는 단어를 떠올릴 것이다. 하지만 '우연'이라는 단어를 사용할 수 없는 특별한 이유가 있다. 한국인에게 '우연'의 반대

말을 물으면 십중팔구 '필연'이라고 답할 것이다. 그런데 철학 분야에서 accident의 반대말은 necessity가 아니라 substance이다. 따라서 우리는 다음 두 조건을 만족시키는 단어를 찾아야 한다. 첫째 necessity가 아닌 substance와 관련된 단어임을 바로 연상시킬 수 있을 것, 둘째 변화하는 속성을 나타낼 것. 이런 단어로 나는 '비본질'이라는 단어를 제안한다. 우선 substance를 불변의 속성을 띤 '본질'로 번역했으니, accidents를 변화하는 속성을 띤 '비본질'로 번역하는 것이 자연스럽다. 게다가 '비본질'이라는 단어는 중학교 이상의 지식을 갖고 있는 한국인이라면 쉽게 아는 단어이고(x=1), 의미적으로도 accidents와 동일한 범위 안에 있기 때문이며, 주석을 통해 그 의미적 동일성을 더 쉽고 명백하게 나타낼 수 있기 때문이다(y=1). 따라서 accidents의 우리말 번역어로서 '비본질'의 단어 위상은 다음과 같이 단어 토폴로지 평면에 나타낼 수 있을 것이다.

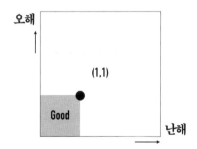

실체냐 실재냐

Reality

다소 거칠게 표현하자면, 서양 철학에 대한 공부는 substance와 reality의 관계를 이해하는 과정이다. 그런데 이 두 중요한 단어를 — 각각 '실체'와 '실재'로 — 한국어에 맞지 않게 번역한 까닭에 우리는 서양 철학의 정수에 쉽게 다가갈 수 없었다. 그런데 이제 substance를 '실체'가 아닌 '본질'로 번역하자마자, 이 문제에 상쾌하게 접근할 수 있는 특권을 얻는다. '본질'로서 substance는 사유물이었으며 불변성을 가진다. 그렇다면 그 본질이 어떻게 실제 세계에서 현실화되며, 어떻게 변화되는 것인지에 대해 관심을 옮길 수 있다. 그때의 개념이 바로 reality이다. 보통 {현실, 실체, 존재, 사실, 리얼리티}라는 번역어 집합에서 선별되어 번역된다. 대중 예술 분야를 중심으로 점점 '리얼리티'라는 음역을 선택하는 빈도가 늘고 있다(나는 그런 음역을 환영한다. System을 시스템으로 음역해도 괜찮은 것처럼, 대중 예술 분야를 넘어 더 광범위하게 사용되기를 바란다). 기본적으로 reality는 실제 세계에서 현실화되는 것이므로 '감각적으로 확인할 수 있는 사실성'이라는 의미를 갖는다.

그런데 철학자들은 한결같이 '실재성' 혹은 '실재'라고 번역한다. 실재實在라는 단어는 옛 일본 사람이 만든 번역어로, 국어 사전은 '실제로 존재함'으로 풀어 놨지만, 한국 사람들이 평범하게 사용하는 보통어가 아니다. 글에서만 쓰이는, 철학 교사 혹은 지식을 뽐내는 사람들의 언어이다. 나는 그런 사람들 외에 실재라는 단어를 평범하게 사용해서 의사소통하는 한국인을 만난 적이 없다.

'실재'는 실제로 사용하는 우리말이 아니어서 그 의미를 추측할 수는 있어도 어딘가 애매하고, 중고등학교 수준의 단어가 아니다(x=3). 설령 '실재'가 reality와 의미적으로 동일한 범위에 있다고 가정하더라도, 객관적 실재성 objective reality처럼 사용될 때 의미 파악에 혼란이 발생한다. 게다가 비슷한 한자어를 사용해서 단어의 의미적 간격을 없애버리는 일본 학자 특유의 나쁜 버릇으로 말미암아, 존재, 현존, 실존, 실재 등이 섞이게 되는데, 이로써 철학은 매우 모호하게 되고 만다(y=2). 그러므로 reality의 번역어로 '실재'의 단어 위상은 다음과 같이 단어 토폴로지 평면에 나타낼 수 있다.

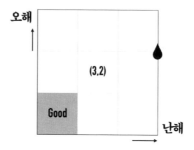

사람들이 실제로 일상 생활에서 사용하는 단어이면서, reality의 본래 의미를 더 많이 보전하는 그런 단어를 찾아야 한다. 한국어에 없을까? 당연히 있다. '실체'이다. 예를 들어, 앞서 substance의 단어 위상을 탐구하는 과정에서 제시했던 문장을 가져와 보자. 〈그의 실체가 만천하에 밝혀졌다〉, 〈사건의 실체가 드디어 밝혀졌다〉, 〈짙은 안개 때문에 어떤 실체도 알아볼 수 없었다〉, 〈함께 가고 있다는 느낌뿐 실체는 느껴지지 않았다〉 등의 문장에서 사용되는 '실체'라는 단어의 의미는 철학에서 말하는 reality와 사실상 같은 뜻이다. '감각적으로 확인할 수 있는 사실성'이라는 의미를 지니고 있기 때문이다. '실체'는 그 의미가 명확하다. 중학생도 알 수 있는 단어이다(x=1). reality와 동일섬 범위의 의미를 갖는 단어이다. 다만 평범한 한국인에게는 오해 가능성이 없지만, 잘못된 번역조차 습관적으로 믿어온 무감한 전문가들을 위해 주석이 필요할 것이다($y=1$). 그러므로 reality의 번역어로서 '실체'의 단어 위상은 다음과 같이 단어 토폴로지 평면에 나타낼 수 있다.

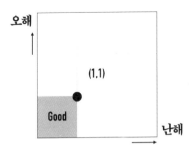

실체는 현실적인 것이다. 공간과 시간은 객관적인 실체이다. 그것은 공간과 시간이 우리가 살고 있는 현실에 실제로 존재하기 때문이다. 칸트에게 공간과 시간은 우리 인간 머리 안에 경험 무관하게 있는 직관의 형식이다. 그럼에도 그런 순수 직관이 objective reality를 갖는 까닭은 우리가 그것을 현실에서 감각적으로 확인할 수 있기 때문이었다. 즉, '객관적 실체'이기 때문이다. 그런데 학자들이 reality에 함부로 실체라는 단어를 쓰지 못했던 까닭은, 이 단어를 substance의 번역어로 잘못 사용해 왔기 때문이었다. 이제 일본식 번역에서 비롯된 이런 사슬을 끊을 때가 되었다. 그래서 우리가 잃는 것은 잘못된 단어를 퍼뜨렸던 지식인들의 불편함이요, 얻을 것은 철학 그 자체이다.

생각이냐 사고냐

Thought

Thought는 {사고, 사유, 생각}이라는 번역어 집합에서 자유롭게 선택할 수 있는 단어이다. 어떤 단어여도 좋다. 철학자들은 한자어의 무게감을 좋아하고 쉽고 가벼운 한글을 싫어하는 것 같다. 하지만 철학이 쉽고 명쾌하기를 바라는 마음이라면, 가급적 단어 위상을 분석해서 무엇이 더 좋은 선택인지 따져볼 수 있을 것이다. 한글 표기가 같은 사고事故라는 일상 언어가 있기 때문에, 사고思考는 문맥이 고려되는 단어이다. 문맥만 제대로 파악하면 명확한 단어이며, 그다지 어렵지 않은 단어이다. 문맥이 고려돼야 한다는 점에서 thought에 대한 '사고'의 단어 위상은 (1,1)을 부여할 수 있을 것이다. 나쁜 번역이 아니다.

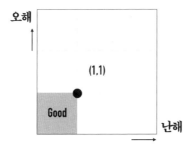

반면 생각이라는 단어는 의미가 자명하고, 초등학생도 아는 수준의 언어이며(x=0), 문맥을 고려할 것도 없이 출발 언어와 의미가 일치하고(y=0), 다른 뜻으로 해석할 가능성도 없다. 그러므로 thought의 우리말 번역어 '생각'은 다음과 같이 단어 토폴로지 평면에 나타낼 수 있다.

사고든 사유든 모두 thought의 괜찮은 번역이다. 그러나 누가 봐도 더 좋은 단어가 있다면, 그것을 외면하는 것은 슬기롭지 못하다.

규범인가 규준인가

Canon

만약 당신이 A 분야 지식에 관한 전문가라고 가정하자. 또 당신이 전문가가 아닌 평범한 사람들에게 A 분야의 지식을 전한다고 가정해 보자. 그 경우 '같은 의미'로 쉬운 단어와 어려운 단어가 있다면, 당신은 어떤 단어를 선택해서 이야기를 할 것인가? 물론 보통 사람들이 굳이 관심을 갖지 않아도 되는 특수 분야의 지식이 있다. 그렇지만 저 A 분야가 모든 사람에게 열려 있는 자기계발의 관한 지식이고, 당신이 훌륭한 교사라면 마땅히 쉬운 단어를 택할 수밖에 없다. 왜냐하면 더 많은 공감을 당신이 원하기 때문이다. 그렇다면 A 분야가 철학이라면 어떨까? 이 대목에서 나와 한국의 주류 철학자들이 걸어가는 길이 다른 듯하다. 나는 철학을 일종의 자기계발 지식으로 본다. 왜냐하면 플라톤에서 칸트에 이르기까지, 철학자들은 독자로 하여금 잘못된 지식에 현혹되지 말고 스스로 더 올바르고 더 현명한 생각을 할 수 있도록, 자기가 전하는 메시지를 통해 독자가 더 향상된 사람이 되기를 희망하며 철학 활동을 했다고 생각하기 때문이다. 그러므로 같은 의미에서, 어려운 낱말과 쉬운 단어 중에서 어떤 단어를 선택할지를 묻는다면, 옛 스승이라면 주저 없이 쉬운 단어를 선택하리라 생각한다. 그러나 한국의 철학자들은 반드시 어려운 단어를 고른다. 나는 그들의 심리를 모르겠다.

그들은 canon을 '규준'으로 번역한다. 확실히 국어사전에 등재된 단어이다. 그러나 나는 지금껏 살면서 평범한 일상 생활에서 이 단어를 쓰는 사람을 만난 적이 없다. '규준'은 상당히 높은 수준의 어휘력이 필요한 단어이지만(x=3), 난이도에 비해 전해지는 의미는 모호하다. 출발 언어 canon이 우리말 '규준'처럼 아주 낯설게 사용되는 전문 용어인가 하면 그렇지도 않아서, 의미의 난이도 위상이 어긋나 있으니 '규준'이 canon과 일치한다고 보기도 망설여진다(y=1). 그러므로 canon의 우리말 번역어 '규준'의 단어 위상은 다음과 같이 단어 토폴로지 평면에 나타낼 수 있다.

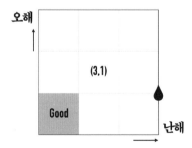

우리는 canon에 대한 좋은 번역어를 이미 갖고 있다. '규범'이 그것이다. '규범'은 '법률 규범', '도덕 규범', '사회 규범', '국제 규범' 등 매우 다양하게 사용되는 단어로, 한국인에게 그 의미가 쉽고 명확하게 전달될 뿐더러(x=0), canon의 의미와 실질적으로 동일하다(y=0). '규준'이 쓰이는 곳에는 '규범'도 쓰일 수 있다. 그렇다면 우리는 어떤 번역어를 선택해야 마땅한가? 이런 관점에서 canon의 우리말 번역어 '규범'의 단어 위상은 다음과 같이 표현할 수 있다.

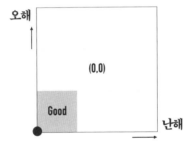

좌우명인가 준칙인가
아니면 격률인가

Maxim

칸트 사상에서 핵심을 차지하는 단어 중 하나가 maxim 이다. 특히 칸트의 도덕철학의 **핵심 주어**를 차지하는 단어다. 흔히 사람들은 칸트가 마치 보편적인 도덕법을 따라야 한다고 주장한 것처럼 오해하고, 대체 그런 도덕법이 무엇이며 그것이 어떻게 가능하고, 기계가 아닌 인간이 어떻게 보편법칙에 따라 일관되게 행동할 수 있겠느냐면서 칸트를 비난한다. 그러나 이런 비난은 정당하지 않다. 그들은 반드시 있어야 할 주어를 빼버리고 ─ 빠져있는지조차 모르면서 ─ 비난하기 때문이다. 칸트는 '나의 maxim'이 보편적인 법률에 따르는 그런 maxim을 선택해서, 선택한 그 maxim에 맞게 행동하라고 가르쳤을 뿐이다. 그렇기 때문에 사람들이 칸트의 도덕철학을 가리켜 자율성의 윤리학이라고 평가하는 것이다. 칸트에게 도덕법은 ─ 모든 인간을 수단이 아닌 목적으로 대우하면서 행동하라는 명제를 제외하고 — 기본적으로 나의 머릿속의 문제이고, 나의 행동에 관련한 문제이며, 내 머릿속 자유의지와 내 행동 사이의 의무 문제이기 때문이다. 타인이 함부로 나의 도덕 문제에 개입해서 이래라 저래라 할 수 없다. 그렇기 때문에 maxim은 칸트 사상에서 대단히 중요한 단어이다.

한국 철학자들은 '준칙' 혹은 '격률'로 번역한다. 모두 maxim의 일본 번역 한자를 그대로 읽은 단어이다. 한국인의 일상 생활에서 '격률'은 전혀 등장하지 않는다. '준칙'은 과거 조금 사용된 예가 있으나, 현재는 '규칙'으로 거의 흡수되었다. 두 단어 모두 칸트 철학을 해설하는 문헌에서만 출현할 뿐이다. 그러므로 maxim의 번역어로서 '준칙'의 단어 위상은 (2,2)으로 단어 토폴로지 평면에 다음과 같이 표현할 수 있다.

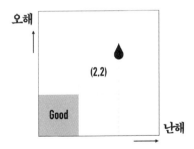

그러나 maxim의 번역어 '격률'의 경우, 일본어 음역에 불과하고 우리말이라고 볼 수 없으므로 x)3이 될 것임에 틀림 없다. 따라서 그 위상은 다음과 같이 단어 토폴로지 평면 바깥에서 눈물로 표현될 것이다.

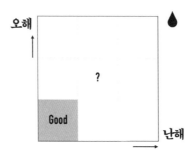

철학을 쓸데없이 어렵게 만드는 일본어를 어째서 청산하지 않는 것인가? '격률'이라는 단어의 출처가 그저 일본에서 유래되었기 때문에 잘못이라고 말하는 게 아니다. 많은 시간을 주었음에도 한국인의 일상 생활로 전혀 편입되지 못한 탓에 철학 공부와 소통에 기여하지 못하게 되었으므로 — 아니 오히려 방해하고 있으므로 — 이제는 철학에서도 그만 사용해야 한다는 것이다. 언제까지 철학이 시대의 언어에 뒤쳐지고 있을 것인가.

한편 maxim이라는 단어에 관해서 아주 훌륭한 우리말이 하루 빨리 선택되기를 기다리고 있다. '좌우명'이다. Maxim은 '나'의 존재가 분명하게 드러나야 한다. '준칙'과 '격률'은 나의 존재가 제대로 드러나지 않는 단어들이다. 하지만 '좌우명'은 항상 내 곁에서 나를 가르치는 원칙을 뜻하기 때문에, '준칙'과 '격률'보다 더 maxim에 어울리는 의미를 갖는다. 그런데 '좌우명'은 원리나 원칙이 아니라 '말이나 문구'에 불과한 게 아니냐는 반론이 들린다. 논리학을 잘 모르기 때문에 이런 주장이 생겨나는 것인데, 철학에서 어떤 원리나 원칙은 모두 명제이며, 말이나 문구로 표현되는 것이니, 우려할 만한 견해는 아니다. 이 단어는 누구나 그 의미를 아는 단어이며(x=0), maxim과 같은 의미이고 어떤 혼란도 생겨나지 않는다(y=0). 따라서 maxim의 우리말 번역어 '좌우명'의 단어 위상은 다음과 같이 단어 토폴로지 평면에 표현될 수 있다.

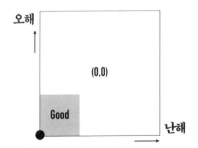

존재냐 존재자냐

a being

우리말은 문맥에 예민하다. 문맥에서 무엇이 주어인지 판단할 수 있다면, 주어조차 문장에서 생략할 수 있다. 우리말에서 문장마다 주어를 꼬박꼬박 쓰면 오히려 유치하다는 인상을 풍기게 된다. 이는 단어에서도 마찬가지이다. 철학자들은 a being이라는 단어를 '존재자'라고 번역한다. '자者'를 의존명사가 아닌 접미어로 사용하는 것은 평범한 우리말 용법이 아니다. 그냥 '존재'라고 표현한다. 예를 들어 '인간은 유한한 존재자'가 아니라, '인간은 유한한 존재'라고 표현하는 것이 우리말의 용법이다. 존재는 실제로 있음을 나타내지만, 문맥을 통해서 존재하는 대상을 지칭하기도 한다. 그래서 being과 existence는 서로 다른 단어이지만, 한국어에서는 똑같이 존재로 번역되는 것이다. 어떤 철학 교사가 존재와 존재자는 다른 의미라고 강조할 때, 적어도 한국인에게 그런 강조는 그다지 의미없는 것처럼 비친다.

존재라는 단어의 의미는 명확하다. 어렵지 않은 단어이고, 노래 가사에도 흔하게 사용되는 단어이다(x=0). Being과 동일한 범위 안에 있다. 달리 오해되지도 않고, 소통에도 어려움이 없다(y=0). 그러므로 being의 우리말 번역어 '존재'의 단어의 위상은 아래와 같고, 이처럼 좋은 번역어에 '자'를 붙일 이유가 없다.

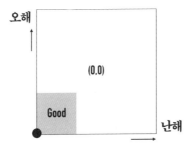

그러나 '존재자'는 그 의미의 명확성이 존재에 비해 감소한다. 평범한 단어였는데 괜히 필요 이상으로 심오한 의미가 있는 것처럼 느껴진다(x=2), 설령 그것이 출발 언어와 도착 언어의 일치를 나타낸다 하더라도 그러하다. 물론 철학자끼리는 소통의 혼란이 없다. 그러나 평범한 한국인에게는 워낙 안 쓰는 표현이다 보니 소통에 혼란을 초래한다(y=3). 이때의 혼란은 간단하고 쉬운 의미를 복잡하고 심오한 의미가 있는 것 같은 인상을 주는 심리적 혼란이다. '자'라는 접미어를 하나 붙였을 뿐인데, 이렇게나 단어 위상이 달라지고 말았다. 그러므로 a being의 우리말 번역어 '존재자'의 단어의 위상은 다음과 같이 나타낼 수 있다.

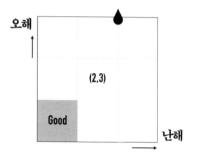

예외적으로 a being과 existence의 차이점에 초점을 맞춘 텍스트가 아니라면, a being은 자연스러운 문맥에 어울리도록 '존재'로 번역하는 것이 좋다.

크기냐 외연이냐

Extension

Extension은 '크기'를 말한다. 〈모든 물체는 크기를 갖는다〉라는 명제에서 나타나는 물리적 크기이다. 크기를 갖지 않는 물체는 없다. 심지어 빛알갱이도 정확히 측량하지 못할 정도로 작지만 크기를 갖는다. '크기'는 순우리말이며 그 의미가 자명하다. 이 단어를 모르는 한국인이 없다(x=0). Extension과 '크기'는 의미가 같다. 다른 의미도 없고 소통하는 데 아무런 문제도 없다(y=0). 그러므로 extension의 번역어로서 '크기'의 단어 위상은 다음과 같다. 더할 나위 없이 좋은 번역이다.

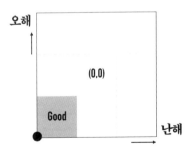

'크기'라는 단어의 약점은 순우리말이라는 사실밖에 없다. 철학자들은 순우리말보다 한자어로 표현되는 단어를 좋아하기 때문에, 순우리말이라는 사실이 약점이 된다니, 실로 슬픈 일이다. 19세기 일본 학자가 extension을 外延으로 번역했다. 그러나 '외연'은 우리말이 아니다. 그 의미가 모호하다. 그래서 사람들이 저마다 외연은 이러하다는둥 저러하다는둥 자기 해석을 덧붙인다. 해석이 해석을 낳기 때문에 전문가들이 자기 지식을 드러내기 좋은 단어이겠지만, 평범한 한국인은 잘 모르는 단어다(x>3). 출발 언어와 과연 의미가 동일하느냐 하면 그것도 잘 모르겠다. 평범한 사람들의 소통에서는 사용이 불가능한 단어이다(y=3). 그러므로 extension의 우리말 번역어 '외연'의 단어 위상은 다음과 같다.

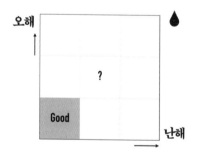

백종현은 '연장'으로 번역한다. 외연보다는 낮지만 역시 보통의 한국어가 아니다. 우리나라 사람들은 어떤 물건의 크기에 관해 말할 때, '연장적이다'라고 말하지 않기 때문이다. 단어 자체로 그 의미가 모호하다. '연장'이라는 단어 자체는 어려운 의미가 아니더라도, 그 단어가 사용되는 문장에서 어떤 심오한 뜻이 있는 듯한 느낌을 나타내기 때문에(실은 그런 심오함이 없는 단어이다), 평범한 대학생 수준을 훌쩍 넘어선다(x=3). 마치 철학 교사의 주석이나 해설이 있어야 이해할 수 있는 듯한 단어다(y=2). 그러므로 extension의 번역어로서 '연장'의 단어 위상을 다음과 같이 단어 토폴로지 평면에 나타낸다.

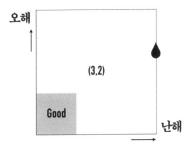

사람들이 자명하게 이해할 수 있는 쉬운 단어인 '크기'를 놔두고, 어째서 우리말이 아닌 단어를 고집하는 것인지 납득할 수 없다. 칸트는 범주 개념들이 어떤 원리로 적용

되는지에 대해 설명하면서, 우리 직관이 사물을 머릿속으로 가져와서 그것을 지식 시스템에 처리되도록 할 때, 그 직관이 모두 크기를 갖도록 양의 범주들이 작용한다고 설명한다.

참고로 서양의 과학자들은 자연계의 물리적 성질을 크기(extensive) 성질과 세기(intensive) 성질로 구분하였다. 크기는 부피, 질량 등이며, 세기는 색, 밀도, 농도, 온도, 압력 같은 것을 일컫는다.

세기냐 내포냐

Intension

Intension은 '세기'를 말한다. 우리 감각은 빨간색이 0에서 시작해서 전체가 새빨간 정도까지를 구별할 수 있다. 바람이 불지 않는 상태에서 바람의 강도가 점점 커지더니 물건이 날아갈 정도까지, 바람의 세기를 분별할 수 있다. 이런 정도의 차이는 누가 가르쳐 주지 않아도 우리는 선천적으로 알며, 감각하자마자 눈치 챈다. 또한 우리가 어느 장소에서 무엇인가를 목격한 다음 그 장소에서 벗어날지라도, 그 무엇인가가 머릿속에서 사라지지 않고 인상이나 기억으로 남는데, 그때 그 인상이나 기억의 정도는 시간이 지남에 따라 점점 약해질 것이다. 이렇듯 머릿속의 감각의 정도가 달라지는 '세기'를 일컬어 intension이라 한다. 세기는 순우리말이며 그 의미가 명확하다. '세기'는 '크기'보다는 난이도가 있다(x=1). 그러나 intension과 그 의미가 동일하며, 소통에 어려움이 없다(y=0). 그러므로 intension의 번역어로서 '세기'의 단어 위상은 다음과 같다.

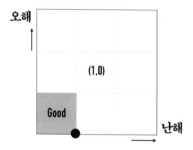

세기라는 단어의 약점은, 크기와 마찬가지로, 순우리말이라는 사실밖에 없다. 철학자들은 순우리말보다 한자어로 표현되는 단어를 좋아하기 때문에, intension을 內包로 번역한 19세기 일본 학자의 한자어를 선호한다. '내포'는 우리말이 아니다. '(어떤 의미를) 포함한다' 정도의 뜻이지, 세기를 직접 나타내지 않는다, 결국 그 의미가 불명확하고, 전문가 수준의 지식이 필요하다(x=3). 최재희는 〈순수이성비판〉 중 범주의 원리에 관하여 다음과 같은 번역문을 제시한다. 〈모든 현상에서 감각 작용의 대상인 실재적인 것은 내포량, 즉 도를 가진다는 것이다〉 이 문장의 의미를 이해할 수 있는 한국인이 과연 몇 명이나 될까? 〈모든 현상에서 감각 대상인 실체적인 것은 세기의 양, 즉 등급을 갖는다〉라는 뜻이다. 예컨대 전혀 맛없는 것에서부터 매우 맛있는 것까지, 싱거움부터 짠맛까지, 흰색에서 검정색까지, 차가움에서 뜨거움까지, 고요함에서 시끄러움까지, 우리 인간은 감각의 대상이 되는 것에 대해서는 그 정도를 선천적으로 구별할 수 있다는 의미이기도 하다. 흔히 논리학 해설에서 자주 언급되는 그런 의미와는 다르다(y⟩3). '포함한다'라는 의미를 넘어선다면, 내포라는 단어로는 소통이 불가하다. 그러므로 intension의 우리말 번역어로서 '내포'라는 단어의 위상은 다음과 같이 나타낼 수 있다.

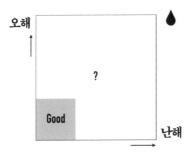

백종현은 '밀도'로 번역한다. 내포보다는 훨씬 좋은 번역어이다. 그러나 단어 자체는 의미가 명확해도, 문맥상으로는 모호하다는 약점이 있다. 중고등학생 수준의 지식이라면 그 의미를 알 수 있지만, 부피 개념을 전제로 설명하는 과학 용어에서 그 전제를 빼낸다면, 의미가 난해해진다(x=2). 그런 점에서, 우리가 과학 시간에 배우는 밀도와 철학에서 말하는 intension의 의미는 실제로 다르다. 철학 교사의 주석이나 해설이 있어야 이해할 수 있다(y=2). 그러므로 intension의 번역어로서 '밀도'의 단어 위상은 다음과 같이 단어 토폴로지 평면에 나타낼 수 있다.

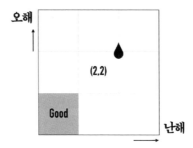

종합의 문제

Synthesis

학자들은 synthesis를 '종합'으로 번역한다. 종합은 여러 가지를 연결하거나 한데 모아서 합한다는 뜻을 갖는 단어이다. 잘못된 번역이 아니다. 그런데 주석이 필요하다.

이 단어의 위상에는 아주 흥미로운 요소가 있다. 논리학에서 synthesis는 '형식적인 단어'로서 자명한 의미의 위상만을 갖는다. 그런데 한국어 '종합'이라는 단어는 형식적으로 자명하지 않다. 내용적인 의미까지 포함되어 있기 때문이다. 그런 점에서 synthesis와 '종합'의 단어 위상이 같지 않다.

예를 들어 '종합검진', '종합개발', '종합평가', '종합성적' 처럼, 종합이라는 단어에는 어떤 일련의 과정에서 마침표를 찍는 종국적인 뜻이 들어 있다. 그래서 한국인들은 종합이라는 단어가 갖는 의미와 내용에 대해 민감하게 반응

한다. 사람들은 어떻게 끝났는지 납득하기를 원하기 때문이다. 다시 말하면 '어떻게 종합되었느냐'는 것이며, '종합의 구체적인 내용이 무엇이냐'는 것이다. 예컨대 '종합평가'의 경우 어떤 식으로 평가되는지, '종합부동산세'의 경우 그 세세한 내용이 무엇인지, '종합검진'의 경우 어떤 검진 항목이 들어있는지 등이 그러하다. 즉, 종합은 자명한 단어가 아니라, 궁금증을 풍기는 불명확한 의미의 단어이다.

반면 일반 논리학, 그리고 〈순수이성비판〉에서 사용되는 synthesis는, 위와 같은 한국어 사정이 없다. Synthesis는 이것과 저것을 '연결'하는 정도의 형식적인 의미로만 사용된다. 어떻게 연결되었으며, 어째서 연결되는지를 묻지 않는다. 서로 다른 의미의 이것과 저것이 두 개 이상 연결된다면 synthesis이다. 그렇기 때문에 내용을 생각하지 않는 극히 형식적이며 자명한 의미의 단어이다. 〈순수이성비판〉에서 약 350회 이상 등장한다.

종합이라는 단어는 그 자체로 모호한 단어이다. 물론 쉬운 단어이지만, 생각이 많이 필요한 단어다(x=2). 사전적 의미로만 본다면 정확한 번역인 것처럼 보이지만, 위에서 설명한 한국어 사정 때문에 언어의 위상, 즉 형식이냐 내용이냐의 위상이 다르다. 그래서 의미가 달라진 것이다 (y=2). Synthesis를 '종합'으로 번역한 결과, 한국 독자들은 이 단어가 사용될 때마다, 수백 번 이상, '그래서 어떻게 종합되었다는 거지?'라는 머뭇거림을 품고 말았다. 소통에 적지 않은 혼란이 초래됐다. 주석을 넣어 주면 이런 혼란을 예방할 수 있기는 하지만, 누구도 단어의 의미적 위상에 대한 주석을 달아 주지 않으니 독자는 헷갈리기만 한다. Synthesis의 번역어로서 '종합'의 단어 위상은 아래와 같다.

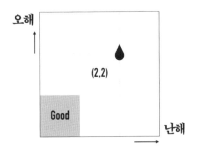

〈순수이성비판〉은 인간의 머릿속에 들어가는 작업이었다. 인간의 생각 속으로 들어가는 순간, 철학은 논리학을 만난다. 논리학은 인간 생각의 형식에 관한 학문이기 때문이며, 결국 〈순수이성비판〉은 논리학 책이다. 논리학에 익숙하지 않는 독자들이 첫 번째 만나는 장벽이 바로

synthesis라는 단어이다. 이 단어의 본래 의미를 좀 더 알아 보자. 논리학은 명제에서 시작한다. 〈독약은 독이 들어 있는 약이다〉라는 문장을 일컬어 '분석 명제'라고 부른다. '독약'이라는 주어를 분석하기만 하면 '독이 들어있는 약이다'라는 술어가 저절로 나온다. 이 문장에는 '독약'이라는 단어만 있을 뿐이어서 그 단어를 벗어난 다른 의미와는 연결되지 않는다. 인간이 이런 문장으로 어떤 판단을 내릴 때, 그 판단을 일컬어 '분석 판단'이라 한다. 그러나 〈게임은 독약이다〉라는 문장의 경우, 주어인 '게임'을 아무리 분석해도 '독약이다'라는 술어가 나오지 않는다. '게임'이라는 단어와 '독약'이라는 단어는 서로 무관하다. 그런데 하나의 문장으로 **연결되었다**. 칸트는 이런 명제와 판단을 일컬어 synthesis라는 단어를 사용한 것이었다. 한국어 번역으로 말한다면, '종합명제', '종합판단'이다. 논리학에서 종합이라는 단어에 숨겨진 의미는 없다. 서로 다른 의미의 두 단어가 주어와 술어로 연결되어 하나의 문장으로 결합되었음을 뜻한다. 참과 거짓 여부는 불문한다. 〈게임은 독약이다〉라는 문장에 들어있는 의미를 나는 거부한다. 그러나 그 판단이 종합명제라는 점을 인정한다.

과거 일본 학자가 synthesis를 종합綜合으로 번역한 이후로, 칸트를 읽는 우리 한국인은 백 년 동안 이런 번역 부작용의 고통을 감수해야 했다. 마땅한 단어가 없었느냐 하면 그것도 아니었다. 우리에게는 이미 자명한 단어가 있다. '연결'이 그것이다. 하지만 안타깝게도, '연결'이라는 단어가 synthesis의 번역어인 '종합'을 대체하지는 못할 것이다. 오랜 세월 동안 사회적으로 공유해 온 언어 습관을 교정하는 것은 어려운 일인 데다가, 서로 다른 두 개를 하나로 만드는 의미를 갖는 우리말 단어로 {종합, 연결, 결합, 합성, 조합, 혼합, 연합, 집합 등}이 있는데, synthesis의 번역어로 '종합'을 '연결'로 바꾸면, 나머지 다른 단어들이 모두 자리에서 일어나 항의하는 경우, 상당히 궁색해지고 말기 때문이다. 더욱이 synthesis가 서양 철학의 핵심 용어가 아닐 뿐더러, 매우 단순하고 명쾌한 의미여서, 누군가 '그 단어는 이것과 저것을 연결한다는 형식적인 의미만 있어요'라고 가르쳐 주기만 해도 쉽게 오해를 예방할 수 있기 때문이다. 그렇다면 굳이 교정하기 위해 애쓸 필요는 없지 않을까.

하나됨이냐 통일이냐

Unity

Unity는 synthesis와 동일한 문제를 갖는다. 〈순수이성비판〉에서 unity는 '형식적인 단어'로서 단순한 의미의 위상만을 갖는다. 그 내용이 무엇인지 무관하게 **'하나가 되었다'**는 형식만을 강조하는 단어이다. 다른 의미가 없다. 학자들은 unity를 '통일'로 번역한다. 그런데 한국어 '통일'은 형식적으로 자명하지 않다. '내용적인 의미'까지 섞여 있기 때문이다. 그런 점에서 unity와 '통일'의 의미적 위상이 같지 않다.

종합과 마찬가지로 '통일'이라는 단어는 그 자체로 장점과 단점이 섞여 있다. 즉 형식과 내용이 혼합된 단어이다. 사전에 수록된 형식적인 의미 관점으로 볼 때, '하나가 되었다'는 의미가 있다는 점에서 잘못된 번역은커녕 정확한 번역처럼 보인다. 그렇기 때문에 이 번역을 의심한 칸트 전문가는 아마 없었을 것이다. 하지만 우리말에서 '통일'이라는 단어에는 한편으로는 **어떤 조화로움이나 어울림**이 섞여 있다. 어떤 디자인의 어울림을 표현하면서 '기하학적으로 통일되어 있다'고 말할 수 있는데, 이때의 '통일'은 하나됨의 의미가 없거나 약할 수 있다. 다른 한편으로 '통일'이라는 단어는 모종의 가치 판단이 개입돼서 '어떤 혹은 어떻게'라는 의문을 동반한다. 예를 들어 남북한의 통일을 말할 때, 우리는 단순히 하나됨만이 아닌 어떤 방식으로 통일되느냐에 관심을 가진다. 어떤 건물의 실내 인테리어를 모던한 양식으로 통일하려고 할 때에도 어떤 형태 또는 어떤 스타일로 통일할 것인지 과제로 남는다. 사람들이 복장을 통일하여 모였을 때, 완전히 똑같은 복장인 경우뿐 아니라, 스타일을 비슷하게 맞춘 것도 통일이라고 일컫는다. 다시 말하면 '통일'이라는 단어는 그 자체로 명료한 단어가 아니라, 다른 표현이 보충되어야 비로소 명료해지는 단어이며, 이는 앞서 살펴본 '종합'보다 더욱 내용적인 의미를 갖고 있기 때문이다. 물론 그 의미가 어쩐지 몽롱하기는 해도 누구나 아는 쉬운 단어이다 (x=0). 하지만 원어인 unity가 형식적인 의미만을 갖고 있는 것에 비해 우리말 번역어인 '통일'은 내용적인 의미까지 포함하므로, 설령 외형상 그 뜻이 같은 것처럼 보이더라도 실상 다르다. 따라서 〈순수이성비판〉을 읽으며서 독자는 끊임없이 어떤 방식으로 통일되는 것인지, 그 통일이 어떤 의미인지 의문을 가질 수밖에 없다(y=3). 물론 독자들이 품게 되는 이런 내용적인 의문은 전혀 필요 없는 것이었다. 칸트는 단지 형식적인 의미만으로 이 단어를 사용하기 때문이다. 그렇다면 untiy의 우리말 번역어로서 '통일'의 단어 위상은 단어 토폴로지 평면에 다음과 같이 표현할 수 있을 것이다.

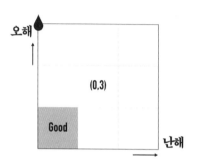

게다가 unity를 '통일'로 번역하는 것 자체가 저자의 의도에도 부합하지 않는 것 같다. 칸트는 순수 지식 개념을 형이상학적으로 연역하면서, 범주표의 첫 번째 순수 지식 개념으로서 unity를 놓고, 이런 순수 지식 개념에 대한 초월적 연역 편에서는 지각의 기능으로서 unity를 다시 사용한다. 그러면서 〈순수이성비판〉 B131 에서 칸트는 후자의 unity가 범주의 unity가 아님을 밝힌다. 그러므로 unity를 '통일'로 번역하면 이런 칸트의 저술은 무의미한 일이 되고 만다. 따라서 unity를 번역하려면 '통일'로는 역부족이고, 다른 단어를 탐색해야 한다. 생각해 보면, 여러 단어들이 있다. 내용적인 의미를 배제한다는 측면에서, 가급적 한자어보다는 순우리말이 더 좋겠다고 생각한다. 한자어의 경우, 단어 그 자체의 의미에 **한자 자체의 본래 의미가 간섭하는 현상**이 발생할 우려가 있다. Unity는 '하나'라는 뜻이 있다. 그러므로 '하나됨'을 선택할 수 있다. 하나됨은 그 의미가 자명하다. 누구나 아는 단어이다(x=0). Unity와 동일하고, 칸트가 순수이성비판에서 말하려는 의미와 일치한다. 다르게 해석될 가능성이 없고, 의사소통에 어떤 혼란도 초래되지 않는다(y=0). 그러므로 unity의 번역어로서 '하나됨'의 단어 위상은 다음과 같이 단어 토폴로지 평면에 표시할 수 있다.

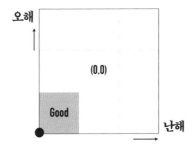

'일원화'는 '하나됨'과 동일한 의미의 한자어이며, unity의 번역어로서 '일원화'가 '통일'보다는 더 좋은 단어 위상을 갖겠지만, '하나됨'에는 미치지 못한다. 동일한 뜻을 갖고 있더라도, 형식적 의미만을 강조할 때에는 한자어보다는 순우리말이 더 장점을 갖는 것 같다.

그렇다면 〈순수이성비판〉에서 여러 번 등장하는 synthetic unity는 무슨 뜻일까? 종래의 학자 번역에서는 '종합적 통일'이다. 내용적인 단어 두 개를 동시에 연결해서 썼으니 그 의미가 더욱 모호하다. 하지만 이 뜻을 명확하게 이해할 수 있다면, 〈순수이성비판〉의 초월적 논리의 전반부를 이해한 것과 진배없다. 그러므로 도전해 보기로 한다. 구슬의 예를 다시 들어 보자. 나는 어떤 대상을 인식하려고 한다. 서양 철학에서 인식이란 그 대상에 대한 판단이다. 따라서 그 대상을 주어로 삼아 어떤 술어를 연결하면서 판단하는 것이다. 판단하려면 그 대상에 대한 데이터가 우리 머릿속으로 들어와야 하고, 그다음 머릿속에서 생각해야 한다. 우리 머릿속으로 들어온 데이터를 '구슬'이라고 칭해 보자. 그리고 대상을 비유적으로 '목걸이'라고 하자. 그런데 우리 머리 안으로 시각을 통해 너무나 많은 데이터가 한꺼번에 실시간으로 들어오고, 머릿속에 보관된 잡다한 생각들이 나타나기도 하는 것이다. 그러므로 머릿속에는 대상과 관련 없는 구슬도 많이 생겨날 것이다. 우리는 하루에도 이런저런 대상을 관찰하기 때문에, 불필요한 구슬이 많을 수밖에 없다. 필요한 구슬만을 선별해서, 모아서, 연결하는 것을 종합synthesis이라고 한다. 무작정 연결만 해서는 안 되고, 어느 시점에서는 구슬 꿰기를 마쳐야 한다. 즉 모든 것을 하나로 연결함으로써 하나의 목걸이가 완성돼야 한다. 그것을 unity라 한다. 칸트는 synthesis는 상상력이 담당하고, unity는 자기 의식인 지각이 담당한다고 설명한다. 담당과 기능이 다르기 때문에, 설사 비슷한 의미여도 저와 같이 표현을 구별한 것이다. 상상력과 지각은 모두 지식의 요소이다. 따라서 synthetic unity는 필요한 구슬을 '모두 연결해서 하나로 합침'이라는 뜻이며, **'종합적 하나됨'**으로 번역할 수 있겠다. 그리고 인식 활동에서 그 의미는 머릿속 지식 시스템 안으로 들어온 데이터를 **모두 하나로 합쳐서** 드디어 우리 의식이 그 대상을 판단하게 된다는 의미이다.

변환물이냐 변양이냐

Modifications

학자들은 '변양'이라고 번역한다. 일본 학자의 '変様'이라는 번역을 그대로 수용한 것이다. '변양'은 우리말이 아니다. 이런 단어를 평범하게 사용하는 한국인을 만나기 어렵다. 설령 변화하는 어떤 것을 연상시키기는 하지만, 그것이 어떤 변화인지, 변화라는 단어와 무슨 차이가 있다는 것인지, 많이 모호하다. 적시적소에 이 단어를 사용하려면 전문가 수준 이상의 지식이 필요하다. 이 단어가 우리말이 아니기 때문에, 전문가끼리 소통하는 데 문제가 없을지는 몰라도(그들이라면 독일어 또는 영어 단어로 소통해도 무방하다) 평범한 한국인이 그 의미를 파악할 수 있을 만한 단어가 아니다(x>3). 더욱이 칸트가 말하는 modifications는 변양의 일본어 뜻인 '모양을 바꾸는 것'과는 의미가 같지 않다. 대상에 대한 감각 데이터가 직관을 통해 우리들 머릿속으로 들어올 때, 대상 그 자체가 있는 그대로 들어오는 것이 아니다. 그렇다고 모양을 바꿔서 머릿속으로 들어오는 것도 아니다. 삼각형의 대상은 우리 머릿속에 들어와서도 그 모양이 삼각형이다. 모양이 함부로 바뀐다면 대상 인식은 불가능해진다. 칸트가 말하려는 것은 그런 모양 변경이 아니라, 감각 데이터가 시간 형식과 공간 형식으로 '변환'되어 수용된다는 것이다. 그러므로 변양은 출발 언어와 도착 언어 사이에 의미상의 차이가 있다. 직관에 의해 어떻게 모양이 바뀐다는 것인지, 소통에 혼란을 초래한다(y=3). 그러므로 modifications의 우리말 번역으로서 '변양'의 단어 위상은 다음과 같이 표현할 수 있을 것이다.

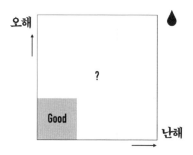

컴퓨터를 타깃 도메인으로 삼아 유추로 설명하자면, modification은 마치 대상에 대한 아날로그 데이터가 머릿속으로 들어와 디지털 데이터로 변환되는 것을 뜻한다. Modifications는 18세기 철학자 칸트가 얼마나 천재적인

지를 알 수 있는 단어이기도 하다. 칸트는 이처럼 직관을 통해 외부 대상이 머릿속으로 들어올 때 감각 자료가 1차 변환되고, 그다음 감수성 영역에서 지식 영역으로 데이터가 옮겨질 때 상상력에 의해 다시 2차 변환되는 것으로 이해했다.

예를 들어 CCTV가 영상을 찍으면, 대상에 관한 데이터는, 0과 1의 바이너리 코드 형식과 일련의 시간 프레임을 갖는 디지털 형식으로 변환된다. 이런 작용이 머릿속에서 일어난다는 것이 칸트의 해설이다. 그러므로 modification은 '변환물' 혹은 '변환'으로 번역되는 것이 바람직해 보인다. 그 의미가 명확하며, 중학생 수준의 일상 디지털 용어라서 알기 쉽고(x=1), 칸트가 말하려는 메시지를 한국 사람들에게 더 정확하게 전달할 수 있으며, 의사소통에도 유리하기 때문이다(y=1). 그러므로 modifications의 우리말 번역으로서 '변환물'의 단어 위상은 다음과 같이 단어 토폴로지 평면에 표현할 수 있을 것이다.

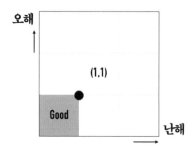

다양함인가 잡다인가

Manifold

우리가 대상을 안다는 것은 어떤 의미일까? 그것을 인식이라고 하는데, 인식은 우리 머릿속에서 어떤 과정을 거치는 것일까? 18세기에 살았던 칸트는 그것을 놀라울 만큼 정교하게 탐구한 최초의 철학자였다.

임마누엘 칸트는 인간 '**머릿속에 있는 것**'을 일컬어 표상representation이라 표현했다. 대상을 알기 위해서는 감각을 통해 대상에 관한 데이터를 머릿속으로 가져와야 한다. 그렇게 되면 우리가 안다는 것은 대상 그 자체가 아니라 대상에 관한 표상이 된다. 그런데 어떤 대상을 감각을 통해 머릿속에 가져올 때, 그 대상에 관한 감각 자료는 단수(datum)가 아니라 복수로서 감각 데이터(sense data)가 된다. 그뿐 아니다. 대상 주변에 있는 것도 가져오게 될 것이고, 또 머릿속에 이미 들어있는 것도 있을 것이다. 결국 대상에 관한 감각 데이터는 단순한 표상이 아니라, 이런저런 다양한 데이터가 되고, 그것을 일컬어 칸트는 manifold라 칭했다. 즉 그것은 머릿속에 있는 여러 가지 다양한 표상들을 일컫는다. Apperception과 unity의 번역 검증에서 사용했던 구슬의 비유를 들자면, 머릿속에 있는 구슬 하나하나가 표상이며, 대상을 생각하려는 지금 이 순간, 머릿속에 있는 많은 구슬이 manifold이다. 구슬들이 모두 낱개로 떨어져 있다고 가정한다면, 대상에 관련한 구슬만 탐색해서 연결할 필요가 있다. 그것을 종합synthesis이라 한다. 연결된 구슬의 끝을 연결함으로써 하나가 되고, 바로 그 순간이 '나는 생각한다'라는 지각의 하나됨unity, 곧 대상 인식에 이르게 된다. 그러므로 manifold는 종합과 하나됨을 실행하기 전의, 머릿속에서 '아직 꿰지 않은 여러 구슬'을 뜻한다.

최재희는 '다양'으로 번역했다. 백종현은 '잡다'라 했다. 전자는 일본 번역에서 유래된 것이고 오랫동안 널리 사용되었다. 근래 백종현 번역이 폭넓게 읽히면서 후자의 번역이 인용된다. 잡다와 다양 중에서 어느 쪽이 더 좋은 번역일까? '잡다'는 손으로 움키고 놓지 않다는 의미가 아니다. '잡다하다'의 어근이며, '잡스러운 여러 가지가 뒤섞여 너저분하다'라는 뜻으로, 우리말 용법에서는 어근만 분리해서 사용되지 않는다. 그러므로 그 의미가 자연스럽지 않다. 어근만으로 사용되는 것이 기이하기 때문에 쉬운 단어라고 말하기 어렵다. 칸트의 manifold는 잡스러운 것이 아니며 너저분하다고 말하기도 어렵다. '잡스러운 여러 가지가 뒤섞여 너저분하다'는 것은 어떤 대상이냐에 따라, 주체가 어떤 상황에 있느냐에 따라 달라질 뿐이다. 아주 단정하게 배열된 '구슬들'일 수 있다. Manifold는 아직 연결되거나 묶이지 않은 상태로 머릿속에 있는 데이터일 뿐이다. 그러나 잡다는 이런 생각을 방해한다(x=2). 잡다의 의미가 칸트의 의도에 맞게 전달되려면 철학 교사가 이 단어가 출현할 때마다 적절히 안내해야 한다(y=2). 그러므로 manifold의 번역어로서 '잡다'의 단어 위상은 다음과 같이 단어 토폴로지 평면에 나타낼 수 있다.

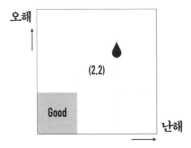

번역가는 우리말 단어의 용법에 좀 더 관심을 가져야 한다. 한자어 어근에 '하다'라는 접사가 결합된 단어의 경우,

그 어근만을 분리해서 사용할 때에는, 과연 한국인이 그렇게 활용하는지를 주의 깊게 살펴봐야 한다. 앞에서 말한 것처럼, '잡다하다'에서 '잡다'만 분리해서 명사로 사용되지 않는다. '다양하다'의 경우, 극히 예외적으로 한자어 어근 '다양'만이 분리되는 경우도 있지만, 보통은 '하'가 반드시 연결돼서 사용된다. 따라서 '다양하다'를 명사로 사용하고자 한다면, '다양'이 아니라 '다양함'이 되는 것이다. 우리말의 어법에 맞게, manifold의 번역어로서 '다양함'을 사용해 보자, '여러 가지로 많다'는 의미가 명확하기는 해도, 동사에서 만들어진 명사라는 약점이 있다. 그래서 상태를 나타낼 때에는 명확하지만, 구성을 나타낼 때에는 무슨 다양함인지 다소 모호하다. 그러나 초등학생도 아는 단어이며, 맥락을 통해 그 의미 파악이 어렵지 않다 (x=1), manifold의 의미와 일치한다. 소통에 아무런 어려움도 없다(y=0). 그렇다면 manifold의 번역어로서 '다양함'의 단어 위상은 다음과 같이 표현할 수 있을 것이다.

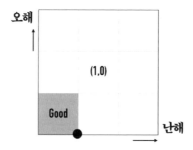

Manifold는 잡스러운 게 아니며 너저분한 것도 아니다. 그냥 여러 가지로 많은 것을 뜻한다. 그러므로 '잡다'를 버리고 '다양함'을 취한다. 문맥상 자연스러움을 위해서 '다양한 표상'이라고 표현해도 좋다. 왜냐하면 manifold는 표상 representation이기 때문이다.

탐색이냐 포착이냐

Apprehension

대상은 우리 머릿속으로 들어온다. 대상 그 자체가 머릿속으로 들어올 수는 없다. 대상의 변환물이 들어오는 것이며, 그것은 공간 형식과 시간 형식으로 변환된 데이터이다. 단수가 아니라 복수이며, 다양함으로 머릿속에 존재한다. 그중에는 대상 인식에 관련한 것도 있고, 대상 인식에 무관한 것도 있다. 그렇다면 다양한 데이터 중에서 대상 인식에 관련한 것만을 탐색해서 **필요한 것만을 모을 필요**가 있다. 칸트는 그런 작업을 하는 머리의 권능을 가리켜 상상력이라고 했다. 그리고 상상력의 그런 기능을 일컬어 apprehension이라고 칭했다.

옛 일본 학자가 그것을 覺知로 번역했다. 최재희는 일본어 번역을 음역하여 '각지'라고 번역했다. 사전적 의미로는 '깨달아 앎'이라는 뜻이다. 각지라는 단어만으로 그 의미를 ― 번역어로서 그 의미 자체가 잘못되었을 뿐만 아니라 — 파악하는 것은 불가능해 보인다. 일상 생활을 통해 쉽게 얻을 수 없는 어휘로, 우리말이 아닌 데다가 옛 서적으로 칸트를 공부한 사람만이 알 수 있는 단어이다(x)3). 이런 단어를 여전히 사용하는 사람들이 있다는 사실이 나를 슬프게 한다. 더 대단한 학문적 역량을 발휘할 수 있었음에도 단어에 묶여 그러지도 못하는 모습을 상상하는 것만으로도 내 마음이 아프다. 칸트가 apprehension이라는 단어로 전하려는 의미와 각지의 사전적 의미는 너무 달라서 오역이 아니라고 말하기 힘들다(y)3). 한국 사회에서 이 단어로 소통하는 것은 불가능하고, 칸트의 메시지를 전할 수도 없다. 그러므로 apprehension에 대한 우리말 번역어로서 '각지'의 단어 위상은 다음과 같이 표현할 수 있을 것이다.

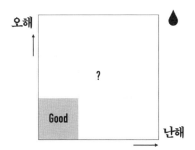

이와 같은 단어 위상으로는 도저히 번역어로 기능할 수 없다. 백종현은 '포착'으로 번역했다. 다양함 속에서 무엇인가를 찾아내서 붙잡는다는 의미로 그 의미가 명확하지만, 우리는 '포착'을 apprehension이 아닌, apprehension 이후의 단어인 perception의 우리말 번역어로 삼았으므로, 더 분석은 하지 않기로 한다. 나는 '탐색'이라는 단어를 제안한다. Apprehension 다음에 이어지는 것이 synthesis이다. 칸트는 경험 직관 내에 있는 다양함을 모으는 것을 synthesis of apprehension이라고 표현했다. 즉, 머릿속 다양한 표상 중에서 대상에 관한 것만을 찾는 행위로 apprehension의 의미를 이해하는 것이 바람직하고, 그렇다면 '포착'보다는 그 의미가 약화된 '탐색'이 더 적당한 것 같다. 우리 머릿속으로 들어온 감각 데이터 중에서 데이터 처리가 필요한 데이터만을 탐색한다는 의미이다. 탐색의 의미는 명확하다. 이른 나이부터 컴퓨터를 사용하는 요즘 중학생도 아는 단어이다(x=1). 출발 언어와 동일한 범위 안의 의미를 갖는 도착 언어이다. 약간의 설명이 필요하겠지만, 오해 가능성이 없고 소통에도 유리하다(y=1). 그렇다면 apprehension의 번역어로서 '탐색'의 단어 위상은 다음과 같이 정리할 수 있을 것이다.

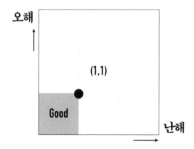

머릿속으로 감각 데이터가 들어오면, 우리 머리는 그런 데이터를 훑어보고, 지식의 처리가 필요한 표상만을 모은다. 그것을 **탐색의 종합**이라 부른다. 모든 감각 데이터가 지식 시스템으로 들어가는 것이 아니다. 탐색의 종합을 거쳐 취합된 감각 데이터만이 지식 시스템으로 전달된다. 지식 시스템으로 전달된 표상을 일컬어 포착perception 이라 한다. 이에 대해서는 우리가 충분히 살펴보았다.

복제냐 재생이냐

Reproduction

〈순수이성비판〉의 [A97] 단락의 초월적 연역에서 칸트의 생각을 인용해 본다. 굉장히 중요한 의미가 담긴 부분이다.

〈만약 개별 표상마다 다른 모든 표상과는 전적으로 이질적, 말하자면 그런 표상들과 동떨어져 분리되어 있다면, 인식 따위는 생기지 않을 것이다. 왜냐하면 인식이란 표상들이 비교되고 연결되어 이루어지는 전체이기 때문이다. 감각은 그 직관에서 다양함을 포함하고 있으니, 만약 내가 감각에 줄거리가 있다고 한다면, 이 줄거리는 항상 종합에 해당한다. 그리하여 수용성이 자발성과 결합될 때 인식이 가능해지는 것이다〉

칸트는 감각을 통해 머릿속으로 들어오는 것은 대상에 대한 모든 정보가 아니라, 그것의 synopsis, 즉 **줄거리**라고 설명한다. 예컨대 우리의 감각기관은 일상생활에서 무수히 많은 것을 동시에 혹은 순차적으로 본다. 그러나 그 모든 것이 머리에 들어오지 않고, 그중 극히 일부만이 머릿속으로 들어오고, 또 머릿속에 들어있는 다양함 속에서도 일부만이 압축돼서 처리될 뿐이다. 결국 우리는 **압축된 데이터만을 선별해서 생각**하는 것이다. '그 일부'가 바로 감각의 시놉시스(줄거리)이다. 다시 비유해서 말하자면, 인간은 한 편의 영화를 모두 보는 게 아니라, '시놉시스'만을 본다는 의미이다. 대상에 대한 정보가 있는 그대로 머릿속에 들어왔다면, 데이터를 변환하고, 연결하고, 하나로 만들고 하는 절차가 필요없을 것이다. 다시 이어지는 칸트의 문장을 보자.

〈이제 이러한 자발성이 모든 인식에서 반드시 발생하는 세 겹의 종합의 기초가 된다. 다시 말하면, 직관에서 머릿속 변환물인 표상들을 **탐색**하는 종합, 상상력에서 이들 표상을 **복제**하는 종합, 그리고 개념에서 그것들을 **인지**하는 종합이 그것이다. 이 세 가지 종합이 우리를 인식의 세 가지 주관적 원천으로 인도하고, 지식 자체를 가능하게 하며, 지식을 통해 모든 경험이 지식의 경험적 산물이 되도록 한다〉

칸트에 따르면, 지식에 속하는 상상력이 머릿속 데이터를 탐색하는 종합과 그것을 지식 시스템으로 복제하는 종합을 실시한다. 이런 탐색과 복제 절차가 선행해야만 비로소 우리 의식이 대상을 생각하고 판단한다. 칸트의 천재적인 발상을 나타내는 부분이기 때문에 매우 중요하고, 그 번역도 섬세해야 한다. 그런데 최재희는 이렇게 번역했다.

〈만일 하나의 표상이 다른 표상과 관계함이 없이 이를테면 고립해 있어서, 다른 표상에서 분리되어 있다면, 비교되고 연결된 표상들의 전체인 바, '인식'이 전혀 발생하지 않을 것이다. 즉, 감관이 직관할 무렵에 그것은 다양성을 포함하기 때문에, 나는 그러한 감관에 개관작용을 부여한다. 이때의 개관작용에는 항상 종합작용이 대응한다. 수용성은 자발성과 결합해서만 인식을 가능하게 할 수 있는 것이다. 그런데 이 자발성은 모든 인식에 있어서 반드시 나타나는 세 겹의 종합의 기초이다. 즉 직관에 있어서의 심성의 변양으로서의 표상들의 **각지**, 구상에 있어서의 표상들의 **재생**, 개념에 있어서의 표상들의 **재인**의 기초이다. 이러한 종합은 인식의 세 가지 주관인인 원천으로 우리를 인도한다. 이 주관적인 인식 원천들이 오성까지도 가능하게 하고, 그런 까닭에 오성의 경험적 산물로서의

모든 경험을 가능하게 한다〉

백종현의 번역은 이러하다.

〈어느 경우든 만약 한 개별 표상이 다른 표상과 완전히 이질적이고, 말하자면 격리되어 이것과 분리되어 있다면, 결코 어떤 것이 비교되고 연결된 표상들의 전체의 인식으로 생겨날 수는 없을 터이다. 그러므로 만약 내가, 감각기능은 직관에서 잡다를 함유하는 것이기 때문에, 감각기능에 일람 작용을 부여하면, 이것에는 항상 종합작용에 대응하고, 수용성은 오로지 자발성과 결합해서만 인식을 가능하게 할 수 있는 것이다. 이것이 바로 모든 인식에서 필수적으로 나타나는 세 겹의 종합의 근거이다. 곧, 직관에서 마음의 변양인 표상들을 **포착**하는 종합, 그것들을 상상에서 **재생**하는 종합, 그리고 그것들을 개념에서 **인지**하는 종합의 근거이다. 이것들이 이제 주관의 세 인식 원천을 이끌고, 이 인식 원천 자신이 지성을 가능하게 하고, 이것에 의해 지성의 경험적 산물인 모든 경험을 가능하게 한다〉

이처럼 학자들은 reproduction을 '재생'으로 번역해 왔다. 옛 일본 학자가 그렇게 번역했고, 우리가 습관적으로 계승했기 때문이다. 재생은 '다시 살아남'이라는 뜻이 명확하다. 중학생도 아는 단어다(x=1). 그러나 출발 언어인 칸트의 reproduction과 도착 언어 '재생' 사이의 정합도가 문제이다. 우리 지식은 두 가지로 표상을 처리한다. 기억 속에 보관되어 있는 것을 다시 지식 시스템으로 불러 와서 처리하거나, 감수성으로부터 실시간으로 가져오는 표상을 처리하는 것이다. '재생'이라는 번역은 전자의 경우를 이해하는 데 쓸모있을지도 모르겠다. 그러나 실시간으로 표상을 처리하는 인식 활동에는 적합하지 않다. 이미 표상으로서 재생되어 있는 것을 또 다시 재생한다는 것은 언어 모순이기 때문이다(표상이란 '머릿속에 있는 것'을 뜻한다).

그러므로 '재생'은 칸트의 reproduction과 유사하지만 의미가 다르다. '재생'이라는 번역어가 그 단어에 대한 상식적인 이해와 어긋나 있기 때문에, 칸트의 상상력 기능을 주제로 소통하는 데 상당한 노력과 해설이 필요하다(y=3). 그러므로 reproduction의 번역어로서 '재생'의 단어 위상은 다음과 같이 단어 토폴로지 평면에 표현할 수 있을 것이다.

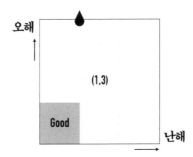

유추 기법으로 상상력의 기능을 이해한다면, 더 좋은 번역어를 찾는 데 큰 도움을 얻는다. 생각은 감수성 시스템에서 하는 것이 아니라 지식 시스템에서 하는 것이다. 그런데 이 두 가지 시스템 사이에는 서로 분리된 간격이 존재한다. 이 간격을 오가는 역할을 하는 특별한 수단이 필요하다. 그것이 바로 상상력이다. 즉 감수성 시스템은 생각의 재료를 머릿속으로 가져올 뿐이고, 그 재료를 지식이 처리할 수 있는 압축 형식으로 변환시킨 다음, 지식 시스템으로 그 데이터(포착 데이터)를 전달하는 과정이 필요한데, 그 역할을 상상력이 수행한다는 것이다.

지식 시스템에서 우리의 의식은 개념을 적용해서 상상력이 매개하여 감수성으로부터 전달된 데이터를 처리한다. 그것을 판단이라 한다. 그런데 **감수성과 지식 사이의 통**

신은 실시간으로 이루어질 수도 있지만, 비유하건대 녹화 방송 방식으로도 이루어질 수 있다. 즉, 우리는 머릿속 기억 보관소에 저장되어 있는 데이터를 지식 시스템으로 다시 가져와서 생각할 수도 있고, 아니면 감수성으로부터 실시간으로 전달받아 생각할 수도 있다. 방송의 비유를 하자면, 녹화 방송일 수도 있고, 생방송일 수도 있다. 어떤 방식이든지 상상력은 생각의 재료를 감수성의 영역에서 지식 시스템으로 가져와야 한다. 그런 기능이 바로 reproduction이다. 이 두 가지 경우 모두에 '적확하게' 대응하는 번역어가 바로 '복제'이다. 실시간으로 복제되든 과거에 복제해 둔 것이든, 감수성 시스템에서 탐색됐던 데이터는 지식 시스템 안으로 고스란히 복제돼야 한다. 그것을 일컬어 칸트는 **복제의 종합**이라 칭했다.

감수성 시스템의 형식과 지식 시스템의 형식은 같지 않다. 감수성 시스템은 공간과 시간이라는 직관이 지배하는 영역이며, 지식 시스템은 개념이 지배하는 영역이다. 감수성은 데이터를 처리하지 않고 수용만 하기 때문에, 하여튼 데이터가 많다. 그 모든 데이터를 지식이 처리할 수는 없다. 지식은 압축돼서 전달된 데이터만을 처리한다. 칸트는 이렇듯 감수성 시스템과 지식 시스템을 완전히 분리해 놓은 다음, 상상력이 두 시스템을 매개하는 역할을 한다고 생각했다. 상상력의 복제는, 마치 컴퓨터 프로세서가 데이터를 처리하려면 그 데이터는 반드시 프로세서가 있는 시스템 안으로 복제돼야 하는 것과 같은 이치이다. 컴퓨터의 컴자도 없던 시절에 칸트는 용케도 이런 생각을 해냈다. 컴퓨터의 **코덱**codec 기능이 바로 상상력의 기능이다. 코덱은 Coder and Decoder의 줄임말로, 음성 또는 영상의 신호를 디지털 신호로 변환해서 압축하는 코더coder와 그 반대로 압축을 풀어 주는 디코더decoder를 통틀어 부르며, 하드웨어(예컨대 모뎀)일 수도 있고, 소프트웨어일 수도 있다. 주로 후자이다. 코덱은 아날로그 신호를 디지털 신호로 변환시켜 주는 장치로 개발되었다가, 오늘날에는 디지털 신호의 형식을 변환시켜 주는 소프트웨어를 주로 지칭한다. 코덱 기술을 이용하면 고용량의 미디어 파일을 획기적으로 줄일 수 있어서 프로세서의 처리의 효율을 높여 준다. 어떤 영상이 A라는 코덱으로 압축되어 저장되어 있는데, 컴퓨터에 A 코덱이 설치되어 있지 않으면, 그 영상은 해당 컴퓨터로 복제하더라도 재생은 못한다. 코덱이 없으면, 데이터를 압축하지도 압축을 풀지도 못한다. 코덱 기술을 이용한 미디어 파일은, 첫째 압축돼야 하고, 둘째 복제돼야 하며, 셋째 압축을 풀어야 하는 과정을 거친다. 컴퓨터가 아닌 머리의 기능을 설명하는 칸트의 〈순수이성비판〉에서 이 코덱 기능에 매우 정확하게 대응하는 것이 바로 상상력이다. 코덱의 압축은 상상력의 '탐색의 종합'이, 코덱의 복제는 상상력의 '복제'가, 코덱의 압축 풀기는 이어지는 상상력의 '윤곽 기능'이 담당한다.

배우지 않은 외국어를 생각해 보자. 외국어 문장이 감수성을 통해 들어와도 머릿속에서 이해되지 않는 까닭은 무엇일까? 칸트 사상에 따르면, 상상력이 작동하지 않기 때문이요, 즉 머릿속으로 들어온 외국어 문장을 탐색하지도 복제하지도 못해서, 그 문장을 지식 시스템 안으로 전달할 수 없기 때문이다. 감수성으로부터 데이터를 복제하지 못한다면, 지식은 이처럼 무력하다. 복제는 그 의미가 명확한 단어이며, 쉬운 단어이다(x=0). 위와 같이 '복제'는 reproduction의 의미와 일치하며, 의심의 여지가 없는 의사소통이 가능하다(y=0). 그러므로 reproduction의 번역어로서 '복제'의 단어 위상은 다음과 같이 단어 토폴로지 평면에 나타낼 수 있을 것이다.

나는 가끔 철학이 과학 기술의 발전에 결정적인 기여를 하는 모습을 연상할 때마다 경이로움을 느낀다. 20세기 인공지능의 개발과 발전에 기여했던 과학자와 개발자 면면을 나는 알 수 없다. 그러나 그들 중 누군가는 학창시절에 읽은 칸트의 〈순수이성비판〉에서 큰 영감을 얻었을 것이다. 물론 의미의 무덤이자 한국어의 묘비인 기존 우리말 〈순수이성비판〉에서는 가능하지 않은 일이다.

윤곽이냐 도식이냐

Schema

칸트의 철학 용어 schema를 옛 일본 학자가 図式이라고
번역했다. 한국 학자들이 과연 그러하다면서 일본어를 음
역하여 '도식'이라 칭했다. '도식'은 애당초 의미가 모호한
단어이다. 어떤 형태의 도식인지 눈으로 확인해야만 의미
가 전해지기 때문이다. 고등학생 수준의 어휘이지만, 칸
트의 문장에서 그 의미가 쉽게 파악되지 않는다(x=2). 도
식이라는 한자어에서는 어떤 그래프나 이미지 같은 의
미가 연상된다. 그런데 칸트는 schema가 이미지가 아님
을 힘주어 강조했다. 다시 말하면 눈으로 확인해서 알 수
있는 의미의 단어는 아니라는 것이다. 칸트는 〈삼각형이
라는 개념 일반에는 그 개념의 적합한 이미지가 없다. 왜
냐하면 이 개념은 모든 삼각형에 타당할 것인데, 어떤 형
상도 이 개념의 보편성에는 미치지 못하고, 언제나 이 개
념의 일부에 그치기 때문이다〉라고 하면서, 삼각형이라
는 개념의 schema는 그저 우리들 생각 속에만 존재할

수 있다고 설명했다. 무슨 말일까? '도식'은 우리가 눈으로 볼 수 있는 그래프나 이미지를 뜻하는 단어인데, 칸트의 schema는 눈으로 볼 수 있는 그런 게 아니라고 한다. 그렇다면 출발 언어 schema와 도착 언어 도식은 그 의미가 다름을 알 수 있다. 무엇보다 인과관계의 schema라거나 필연성 등의 개념 schema의 의미는 도무지 도식이 아니다. 그러므로 '도식'으로는 칸트의 schema 개념을 설명하는 데 매우 애를 먹을 수밖에 없다(y=3). 그러므로 schema의 번역어로서 '도식'의 단어 위상은 다음과 같이 단어 토폴로지 평면에 표현할 수 있을 것 같다.

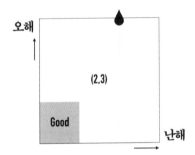

인간의 머릿속에는 수많은 경험 개념이 들어있다. 경험을 모두 제외하면, 그 많던 개념이 사라진 자리에 12개의 원초적인 개념, 즉 순수 개념만이 남는다. 그런 순수 개념을 일컬어 칸트는 범주라 칭했다. 이 범주는 인간의 머릿속에서 과연 어떤 역할을 하는 것일까? 칸트는 그 역할을 일컬어 schema라고 표현했다. 또한 앞서 설명한 상상력의 기능 중에서 감수성 영역에서 데이터를 지식 시스템 안으로 복제해서 가져왔을 때, 이는 압축된 데이터이다. 이 압축된 데이터를 지식 시스템이 범주를 적용하기 위해 풀어줘야 한다. 그때의 **'압축 풀기 기능'**이 바로 schema다. 어떻게 압축을 푼다는 말인가? 범주는 머릿속으로 들어온 대상들에 의미를 부여한다. 하지만 시각적으로 명료한 의미를 부여하는 것은 아니다. 의미의 **실루엣**silhouette을 제시함으로써 ― 그것이 schema다 ― 포착되고 복제된 데이터를 풀어낸다고 칸트는 설명한다. 그런 의미의 단어가 우리 한국어에는 없기 때문에 '도식'이었던 것일까? 하지만 우리말에 그런 단어가 있다. '윤곽'이다. 사물의 테두리나 대강의 모습이라는 뜻으로 어려운 단어가 아니다(x=1). 그런데 칸트가 말하려는 개념의 기능이 바로 우리말 '윤곽'이다. 출발 언어와 도착 언어가 의미적으로 동일한 범위 안에 있다(y=1). 칸트의 메시지를 전하고 의사소통하는 데 어려움이 없다. 그러므로 schema의 번역어로서 '윤곽'의 단어 위상은 다음과 같이 단어 토폴로지 평면에 나타낼 수 있다.

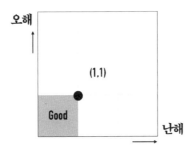

한국의 철학자들이 일본어 번역의 족쇄를 끊어내기만 하면 아주 쉽게 찾을 수 있는 단어가 바로 '윤곽'이다. 조금만 노력하면 바로 찾아낼 수 있는 단어이기도 하다. 삼각형이라는 개념은 우리 머릿속에 있다. 그것은 삼각형의 '윤곽'을 제시한다. 우리는 큰 집에 들어가서 크다고 느끼고, 작은 집에 들어가서는 좁다고 느낀다. 큰 집과 작은 집을 비교하는 방법을 누가 가르쳐 주지 않더라도, 크기라는 개념의 '윤곽'을 통해 바로 비교해서 어느 쪽이 큰지 알 수 있다. 왜냐하면 인간의 머릿속에는 크기에 대한 개념의 schema가 선천적으로 구비되어 있기 때문이다. 양의 범주는 크기의 '윤곽'을, 질의 범주는 세기의 '윤곽'을 갖는다. 관계의 범주는 시간 순서의 '윤곽'을, 즉 우리는 무엇이 시간에 앞서고 무엇이 시간이 뒤쳐지는지, 그래서 무엇이 원인이고 무엇이 결과인지, 무엇이 변화하며 무엇이 변화하지 않는지 그 대강을 구별할 수 있다는 것이다. 그런 개념의 '윤곽'이 바로 schema이다. 그럼에도 schema를 '도식'이라고 번역하는 것은 정말이지 바보의 고집이다.

예감인가 아니면
예취, 선취, 예료인가

Anticipation

예를 들어 내가 버스를 타고 광화문을 지나가면서 그곳에서 시위를 하는 무리를 목격했다고 가정하자. 내 눈을 통해 직관된 '광화문에서 시위하는 사람들'의 모습이 머리 안으로 들어온다. 만 명이 모여 있을 수도 있고, 수십 명의 무리가 데모하고 있을 수도 있다. 우리는 누가 가르쳐주지 않았음에도, 혹은 사람 수 계산을 경험하지 않았더라도, 만 명과 수십 명의 차이를 구별할 줄 안다. 즉 감각을 통해 직관되는 모든 것은 '크기의 양(extensive magnitude)'을 갖는다. 그런데 만약 내가 탄 버스가 광화문을 벗어나 독립문 쪽으로 갔다고 가정하자. 그러면 내 머릿속에서 '광화문에서 시위하는 사람들'에 대한 감각은 사라지고 만다. 따라서 직관의 크기는 없다. 그러나 감각이 사라졌다고 해서 '광화문에서 시위하는 사람들'이 증발되는 것은 아니다. 내 감각을 통해 포착된 그것은 여전히 머릿속에 남아(현상으로 남아) 우리는 그 사람들을 생각할 수 있다. 이런 일은 모든 이의 머릿속에서 공통으로 발생되는 일이지 않은가? 흔한 말로 감각은 기억 속에 남는다. 순간의 기억이 어떤 이에게는 강하게 남고, 어떤 이에는 약하게 존재하며, 또 어떤 이에게는 0에 가깝거나 완전히 망각 속으로 사라진다. 칸트는 이런 감각이 머릿속에(현상에) 남기는 어떤 힘을 일컬어 '세기'라고 했다. 다시 말하면, 감각 대상인 '광화문에서 시위하는 사람들'은 그것을 목격한 사람들의 머릿속에서 세기의 양(intensive magnitude)으로 여전히 존재한다는 것이다. 모든 인간이 이런 세기의 양을 갖는 까닭에 관해서, 칸트는 머릿속에 있는 순수 개념들(질의 범주에 속하는 것들)이 직관에 세기의 양, 즉 등급을 부여하기 때문이라고 설명한다.

그런데 우리가 무엇인가를 감각한 다음에, 감각에서 멀어져가더라도 혹은 감각이 사라지더라도, 그 감각 대상이 머릿속에서 완전히 사라지는 게 아니라, 위와 같은 세기의 양으로, **머릿속에 계속 남게 된다는 사실만큼은**, 누가 가르쳐주지 않더라도, 선천적으로 알 수 있다고 칸트는 말한다. 냉정하게 보면, 아주 기묘하다고 말할 수 있겠는데, 경험적인 것을 경험 무관하게 안다는 것을 뜻하기 때문이다. 후천적으로 발생하는 일을, 그 일이 일어나기 전에, 그런 일이 발생하리라는 사실(머릿속의 생각의 대상은 감각이 사라지더라도 여전히 세기의 양을 갖고, 그것의 등급이 점차 감소하리라는 사실)을 알아챘다는 것이다. 그리고 그런 기능을 일컬어 anticipation이라고 칭했다. 그리고 감소하는 실체의 '등급'을 물리 개념인 **모멘트**moment로 설명했다. 모멘트는 거리와 물리량의 곱으로 표현된다는 점을 감안하면, 어떤 실체(예컨대 '광화문에서 시위하는 사람들')이 갖는 그런 '등급'이 크다는 것은 모멘트가 크다는 뜻이며, ─ 그 자리를 벗어났어도 ─ 오래도록 선명하게 기억된다는 의미이고, 다시 말하면 더 오랜 시간 거리를 갖고 실체가 머릿속에 머물되 선명함의 세기도 크다는 의미가 되겠다. 우리는 이런 개념의 anticipation에 대해 어떤 우리말 번역어를 사용해야 할까?

백종현은 '예취'라 했다. 이것은 우리말이 아니다. 번역자가 한자어 두 개를 조합해서 새로운 단어를 발명한 것일 뿐, 사람들이 모르는 단어다(x⟩3). 더욱이 '취取'라는 한자어가 우리 한국인에게 적합한지도 잘 모르겠다. 이것은 없던 것을 가져야 할 때 쓰는 한자어인데, anticipation은 우리가 이미 갖고 있는 것을 의미하기 때문이다(y=3). 아무튼 이 단어로는 우리말이 아니기 때문에 독자가 그 뜻을 헤아릴 수 없고, 칸트가 전하려는 메시지도 전해지지 않는다. 그러므로 anticipation에 대한 우리말 번역어 '예취'의 단어 위상은 다음과 같이 표현할 수 있을 것이다.

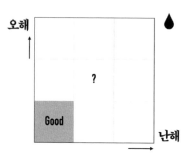

칸트 학회는 '선취'로 번역할 것을 권한다. 이것은 우리말이다. 그러나 칸트의 anticipation의 의미에 부합하지는 않아서 문맥상 그 뜻을 헤아리기는 어려울 것이다(x=3). '선취'는 남보다 먼저 갖는다는 의미가 있다(예: 선취 골). 그러나 anticipation은 타인과 전혀 관계가 없고 오직 내 머릿속에서 일어나는 일이다. 한국인이 사용하지 않는 단어를 감히 새롭게 만드는 것도 문제지만, 이렇게 평범한 사람의 보통 의미에서 벗어나는 것은 더 심각한 문제를 일으킨다. 칸트의 진정한 메시지를 아주 평범하게 왜곡시킬 수 있기 때문이다(y>3). 앞에서 언급한 것처럼, '취取'라는 한자어는 없던 것을 가져야 할 때 쓰는 한자어로, 그것은 칸트의 anticipation이 아니다. 그러므로 anticipation에 대한 우리말 번역어 '선취'의 단어 위상도 다음과 같이 표현할 수 있을 것이다.

최재희는 '예료豫料'라고 번역한다. 이것도 우리말이기는 하다. 그러나 사전에 등재된 단어에 불과해서 평범한 한국인이 알 수 있는 단어가 아니다(x=3). 하지만 사전을 열어 보면, '미리 헤아려 짐작함'이라고 되어 있으니, 앞에서 언급한 '선취'보다는 칸트의 의미를 아주 심하게 왜곡하지는 않는다 하겠다. 다만 어느 똑똑한 한국인이 '예료'라는 단어를 쓰더라도, 그것은 방금 내가 본 감각에 관한 게 아니라, 아직 내게 오지 않은 미래의 감각에 관한 것이니, 정확한 번역은 아니다(y=3). 그러므로 anticipation에 대한 우리말 번역어 '예료'의 단어 위상도 다음과 같이 표현할 수 있을 것이다.

칸트가 anticipation이라는 단어를 썼을 때, 그것은 우리가 어떤 대상을 직관한 다음, 사라지는 그 감각이 머릿속에 남기는 어떤 세기를 뜻하는 것이었다. 그렇기 때문에 **'감각적인 것'**을 우리 번역어가 담아야 한다. 그런 의미의 좋은 단어를 우리는 이미, 평범하게, 갖고 있다. 바로 '예감'이라는 단어다. 이 단어를 모르는 사람이 없는 데다가 (x=0), 칸트가 전하려는 메시지에 꼭 맞으니 더할 나위가 없다 하겠다(y=0). 이렇게 좋은 단어 위상을 갖는 번역어를 어째서 외면하는가?

사유물이냐 예지체냐

Noumenon

Noumenon은 칸트 철학을 대표하는 단어 중 하나이다. 지식이 감각의 한계를 벗어나, 즉 현상을 벗어나, ① 사물 그 자체의 본질이 이러하다거나 저러하다고 스스로 생각해 내는 것과, ② 지식이 관념 속에서 순수 개념들을 연결하면서 생각해 내는 것을 일컬어 누메논noumenon이라 한다. ①은 흔히 '물자체'로 칭해지는 현상과 비교되는 누메논이요, ②는 직관을 거치지 않으므로 현상이 없고 순전히 인간 정신이 생각해 낸 누메논이다. 칸트는 ①번을 **적극적 의미의 누메논**이라 하여 전혀 인정하지 않으며 (즉, 사물 그 자체에 관한 지식은 결코 얻을 수 없다. 우리는 감각을 통해 우리 머릿속으로 들어온 사물에 대한 데이터에서 비롯된 지식만을 얻는다. 그리고 머릿속으로 들어온 사물을 현상이라 한다. 다시 말하면 인간은 현상에 대한 지식만을 얻을 따름이다), ②번은 **소극적 의미의 누메논**이라 칭하면서 문제적이라면서도 감수성의 한계 개

넘으로 인정한다. ①번은 '사물 그 자체'를 지칭하며, ②번은 예컨대 '신', '자유', '내세(영혼의 불멸성)' 같은 '사유물'을 뜻한다. 어느 쪽이든 인간의 생각 속에서 만들어진 사물이다.

일본에서 그것을 仮象体라 번역했다. 근래에는 叡智体라 번역한다. 한국 학자들의 일본 번역 존중은 그 유래가 깊다. 최재희는 '가상체'로 음역했고, 백종현은 '예지체'로 번역했다. 두 분 모두 독일어 원전을 번역했다고 하지만(정말이지 그러함을 나는 의심치 않는다), 중요한 단어는 이렇듯 일본의 한자어 번역에 따른다. 가상체에서 헛된 것이라는 의미는 전해진다. 한자가 좀 다르지만 가상현실 같은 단어도 있으니 고등학생 수준이라면 충분히 짐작 가능한 어휘다(x=2). 그런데 칸트는 과연 noumenon을 거짓이라고만 여겼을까? 그렇지 않다. 만약 칸트가 noumenon이 거짓이라고 단정했다면 우선 칸트의 도덕철학이 붕괴된다. 예컨대 누메논 중 하나인 '자유'는 칸트 도덕철학을 기초 짓는 핵심 개념이며, 신이나 내세도 윤리학의 완전성을 위해 있을 것으로 상정되기 때문이다. 사악한 범죄를 일삼으면서 부귀영화를 누린 자가 아무 일 없이 죽기만 한다면, 선한 행동을 강조하기는 어려울 것이다. 이런 점만으로도 가상체는 오역이다(y>3). 칸트는 자신의 초월철학이 머릿속 현상의 객관적 실체를 인정한다는 점에서 회의주의와 다름을 지속적으로 강조했다. 그러므로 '가상'이라는 단어는 전적으로 타당하지 않다. 또한 중대한 오역으로 만들어진 단어로 소통하는 것은 있을 수 없다. 그러므로 noumenon의 번역어로서 '가상체'의 단어 위상은 다음과 같다.

'예지체'는 그 단어 자체의 의미를 모르겠다. 사전을 찾아보면 그 단어의 의미를 알 수 있고, 문맥을 통해서도 의미를 파악할 수 있겠으나, noumenon이라는 번역어로 사용된 문맥에서는 평범한 한국인이 예지체의 의미를 명확히 파악하는 일은 불가능해 보인다(x)3). 칸트 전문가 수준의 어휘력을 갖고 있어야 한다. Noumenon의 본래의 의미와 예지체의 의미가 동일성의 범위 안에 있다고 인정하더라도, 모르는 단어로 어떻게 소통이 가능하단 말인가? 상상해 보라. 칸트 전공자 사이의 '이너서클'에 속하지도 않았다면, 지식인조차 '예지체'라는 난해한 단어로 철학적 대화를 하는 것은 불가능해 보인다(y)3). 그러므로 noumenon의 번역어로서 '예지체'의 단어 위상도 다음과 같다.

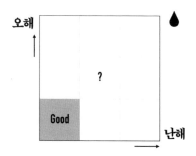

평범한 사람들과의 소통을 무시하면서까지 학자가 함부로 멋을 부린 단어로 번역하면 안 된다. 칸트가 살아있다면 그런 식으로 한국인에게 자신의 철학이 은폐되는 것을 바라지는 않았을 것이다. Noumenon의 본질은 '사유물'이다. 심지어 고대 그리스어의 어원에서도 그런 뜻이다. 인간의 머릿속에 있는 것이지, 머릿속 바깥의 사물을 뜻하는 게 아니다. 하지만 사람들은 자신의 사유물이 사물 그 자체에 관한 지식으로, 혹은 초경험적인 존재에 관한 지식으로 오해하곤 한다. '사유물'은 머릿속에서 생각한 사물이라는 뜻으로 그 의미가 명확하다. 자연스럽게 사용할 수 있는 수준의 단어이다(x=1). 게다가 noumenon의 본질을 적절히 표현한 우리말이다. 완벽하지는 않겠으나, 칸트가 말하려는 메시지를 쉽고 적확하게 전달할 수 있으니 의사소통에 매우 유리한 단어이다(y=1). 그러므로 noumenon의 번역어로서 '사유물'의 단어 위상은 다음과 같이 단어 토폴로지 평면에 나타낼 수 있다.

위와 같은 내용을 종합적으로 감안해 보면, 지식이 머릿속에서 경험의 도움 없이 스스로 만들어 낸 것이라는 의미로, '사유물'로 번역하는 것이 죽은 칸트에게도 합당하고 평범한 독자들에게도 이로운 일이다.

순수이성비판

A판 머리말

지금까지 검증한 단어 토폴로지의 성과로 번역한 1781년 발행된 〈순수이성비판〉(이를 A판 이라 한다)의 머리말 전문 번역을 여기에 수록한다. 수십 개의 주석이 필요한 텍스트이지만(주석이 달린 정식 번역본을 내가 곧 펴낼 수 있기를 희망한다), 우리에게 '지금' 필요한 것은 단어 토폴로지의 성과이지, 아직 〈순수이성비판〉을 읽을 때가 아니기 때문에 주석과 해설은 생략했다. 단어를 평범한 우리말로 바꾸면 이렇게나 문장이 쉬워지고, 칸트 철학 공부가 순조롭다.

어떤 종류의 인식에서 인간 이성은 외면할 수 없는 질문들에 응해야 하는 특별한 운명에 처해 있다. 이들 질문은 이성 자체의 본성을 통해 주어지는 문제이지만, 인간 이성의 모든 능력을 초월하기 때문에 답할 수도 없는 문제이다.

이성은 그 자신이 어떤 잘못도 없으면서 이런 난국에 빠지고 만다. 이성은 경험 과정에서 필수적으로 이용되고, 동시에 경험에 의해 충분히 정당성을 갖는 원리들에서 출발한다. 이들 원리를 사용하면서 이성은 (그 본성의 요구로) 더 높이, 더욱 먼 곳의 제약이 있는 곳까지 올라간다. 그러나 이들 질문은 결코 멈출 줄 모르므로, 이성은 이런 방식으로는 자신의 과업이 항상 미완성으로 남을 수밖에 없음을 깨닫는다. 이성은 불가피하게, 모든 가능한 경험적 사용을 넘어서면서도, 의심할 여지가 없어 평범한 상식에서도 동의할 수 있는 그런 원리들을 찾아 피난처로 삼는다. 하지만 그 결과 몽롱함과 모순에 빠지고 마는데, 그런 것들의 밑바닥에는 틀림없이 어딘가 감춰진 오류가 있으리라 추측할 수는 있어도, 이성은 그런 오류들을 발견하지 못한다. 왜냐하면 이성이 나아간 그 원리들은 모든 경험의 한계를 뛰어넘어 버리니, 어떤 경험의 시금석으로도 더 이상 알아볼 수 없게 됐기 때문이다. 이 끝없는 논란의 싸움터를 **형이상학**이라 부른다.

형이상학이 모든 학문의 **여왕**이라 불리던 시절이 있었다. 만약 여왕의 의지가 실현되는 것이라면, 형이상학의 대상이 갖는 탁월한 중요성으로 말미암아 저 명예로운 칭호를 받을 자격이 있다. 그렇지만 지금은 시대의 유행에 따라 여왕은 모든 면에서 경멸받으니 이 버림받고 추방된 노부인이 헤쿠바처럼 한탄한다. "영웅들의 어미였고 만인지상의 자리에 있었건만, 이제 나는 내쫓겨 무력하구나."— 오비디우스 〈변신이야기〉 중.

초기 **닫힌 사상가들**의 권세 하에서 형이상학의 지배는 **독재**였다. 당시 형이상학의 입법은 고대 야만의 흔적을 여전히 갖고 있었으므로, 점차 내란들을 거치며 완전한 **무정부 상태**로 퇴락하고 말았다. 때로 회의론자들이 정착해서 땅을 경작하는 걸 혐오하는 유목민처럼 백성들의 통합을 분열시켰다. 그러나 다행스럽게도 그들의 숫자가 적었으니 회의론자들은 닫힌 사상가들이 다시 권력을 일으켜 세우려는 — 비록 만장일치로 합의된 계획에 따른 것은 아니었을지라도 — 계속된 시도를 막을 수는 없었다. 최근 인간의 인식에 관한 특별한 **생리학**(저 유명한 로크에 의해)을 통해 마치 이들 논쟁은 모두 종결되고, 모든 경쟁적인 주장의 정당성 문제가 완전히 해결된 것처럼 보였다. 그러나 자칭 여왕의 탄생이 하층민들, 즉 평범한 경험에서 비롯된 것일지라도, 그런고로 여왕을 참칭하는 것이 당연히 의심스럽더라도, 여왕은 여전히 권세를 주장하고 있음이 밝혀졌다. 왜냐하면 이런 **혈통**이 실제로는 여왕에게 잘못 적용된 것이기 때문이었다. 형이상학은 예전처럼 낡고 좀먹은 **닫힌 사상**으로 물러났고, 그리하여 학문이라면 거기서 벗어나야 하는 경멸스러운 위치까지 이르렀다. 결국 이제는 (사람들이 스스로 납득했듯이) 모든 시도는 허사가 되었으니, 지루함과 완벽한 **무관심**이 형이상학에 만연해 있다. 그러나 잘못 적용된 노력으로 말미암아 형이상학이 모호하고 혼란스러우며 무용하게 된 후에도, 이런 혼돈과 밤의 어머니는 막 시작된 변화와 계몽의 원천이거나 적어도 서곡이다.

왜냐하면 인간 본성이 **무관심할 수 없는** 대상에 관해 **관심이 없는** 척하는 것은 소용없는 일이기 때문이다. 또한 소위 이들 **무관심주의자들**이 그 학파의 언어를 바꿈으로써 자신들을 통속적인 양식으로 꾸몄지만, 그들이 무슨 생각을 하든, 그토록 경멸했던 형이상학적 주장으로 항상 물러서야만 했다. 그러나 이런 무관심은 ─ 모든 학문이 번성하는 바로 그때 일어나며, 우리가 얻을 수만 있다면 무관심을 모두 포기할 수도 있는 그런 학문들의 지식에 정확히 관련되는 것으로 ─ 우리의 관심과 반성이 필요한 현상이다. 이는 우리 시대의 사려없음을 증거하는 결과가 아니다. 오히려 숙성된 **판단력***의 결과로서, 허상의 지식에 더 이상 연연하지 않겠다는 것이요, 이성이 자기가 할 일 중에서 가장 어려운 일을 새롭게 착수해야 한다는 요구이다. 다시 말하면 이성으로 하여금 스스로를 인식하는 일로써, 이성의 재판정을 열어 정당한 권리 주장을 보호하되 근거 없는 주장은 기각하는 것이며, 또한 이는 다른 권위로 만들어진 법령에 의하지 않고, 이성 자신의 영구적이며 변함없는 법률에 따르는 것이니, 이 법정이 바로 **순수이성비판** 그 자체에 다름 아니다.

> ※ 칸트 주석: 가끔 우리는 우리 시대의 사고 방식의 천박함과 견고한 학문의 쇠퇴에 대한 푸념을 듣는다. 그러나 수학이나 물리학 등과 같이, 그 근거들이 잘 갖춰진 학문들의 경우, 나는 이런 비난을 받을 만하지는 않다고 생각한다. 오히려 그런 학문들은 견고한 기초 덕분에 오래도록 명성을 유지하고 있으며, 자연학의 경우에는 그런 평판을 넘어선다. 다른 종류의 인식에서도 우리가 만약 그것의 원리들을 먼저 올바르게 바로잡는다면, 마찬가지의 신령함이 스스로 그런 인식들에 깃들 것이다. 만약 이런 일이 행해지지 않는다면, 무관심과 회의가, 그리고 마침내는 가혹한 비판이 그 정당한 사고방식을 오히려 증거할 것이다. 우리 시대는 진정 비판의 시대이다. 모든 것이 비판에 붙여져야 한다. 종교는 그것의 신성함을 통해, 실정법은 그것의 권위를 통해 비판을 면하려고 하는 것이 보통이다. 그러나 그리하면 종교와 법률에 대한 사람들의 당연한 의혹을 일으키며, 자유롭고 공공연한 심사를 견뎌낸 것에 대해서만 이성이 부여하는 그 꾸밈없는 존경을 요구할 수 없게 된다.

그런데 나는 이것을 책이나 체계에 대한 비판으로 이해하지 않는다. 이성 일반의 능력에 대한 비판으로 생각한다. 이 비판은, 이성이 **모든 경험에서 독립하여** 분투함으로써 얻는 모든 인식에 관한 비판이며, 그러므로 형이상학 일반의 가능성이나 불가능성 결정에 관한 비판이고, 또한 그런 형이상학의 원천, 범위, 한계를 규정하는 것에 관해 수행하는 비판이다. 그러나 모든 것이 원리들을 근거로 한다.

내가 제시한 이 비판의 길이 남겨진 유일한 길이다. 나는 이 길을 따라, 이성을 경험과 무관하게 사용함으로써 이성 스스로 불화에 빠지게 한 모든 잘못을 제거하는 데 성공했다고 자부한다. 나는 인간 이성의 무능력을 탓하면서 이성의 문제들을 외면하지 않았다. 오히려 나는 원리들에 따라 이들 문제를 철저히 열거했으며, 이성이 어떤 점에서 자기 자신을 오해했는지를 찾은 다음에, 이성이 온전히 만족하도록 이들 문제들을 풀어냈다. 확실히 말하건대, 사람들이 기대할 듯싶은 지식에 대한 독단적이며 열정적인 갈망으로는 이들 문제에 대한 해답이 드러나지는 않았다. 그런 것들은 마법이 아니고서는 충족시킬 수 없기 때문이지만, 나는 그런 쪽으로는 전문가가 아니다. 마법은 우리 이성의 본래의 사명이 의도하는 것도 아니었다. 설령 소중하기도 하고 사랑도 받는 환상들이 그 과정에서 파괴돼야 할지라도, 철학의 의무는 잘못된 해석에서 발생하는 그런 가짜를 제거하는 것이다. 이러한 과업에서 나는 철저함을 내 주된 목표로 삼았다. 여기서 해결되지 않은 형이상학적 문제는 하나도 없으며, 적어도 열쇠가 제시되지 않은 해법은 없노라고, 나는 감히 말한다. 만일 순수 이성의 원리가 이성 자신의 본성에 의해 자기에게 주어지는 문제들 중 하나에 대해서라도 부족하다면, 그 원리는 마땅히 폐기돼야 한다— 왜냐하면 그때 이성은 완벽한 신뢰성을 가지면서 다른 문제들에 해답을 주지 못하게 되기 때문이다 —는 그런 완벽한 통합성이 곧 순수 이성이다.

내가 이처럼 말하는 동안, 내 주장들을 듣자 하니 잘난 체하고 건방지다면서 경멸 섞인 분노감이 독자들의 얼굴에서 느껴지지만, 그러나 나는, **인간 정신**의 단순한 본성이라거나 근원적인 **세계의 시초**의 필연성을 증명한 것처럼 구는 가장 통속적인 교본의 그 어떤 저자들보다는, 내 주장들이 비할 데 없이 온건하다고 생각한다. 그런 저자는 모든 가능한 경험의 한계 너머까지 인간 인식을 넓혔노라고 스스로 단언하지만, 나는 그런 일이 내 능력을 훨씬 넘어서는 일이라고 겸손하게 인정하기 때문이다. 나는 그저 이성 그 자체와 이성의 순수한 사유만을 다룬다. 그것들을 빠짐없이 알기 위해 내가 나 자신을 넘어서까지 찾아 나설 필요도 없다. 왜냐하면 내 안에서 그것들을 만나기 때문이며, 이성의 순전한 행동들이 어떻게 온전히 그리고 체계적으로 일일이 명시되어 있는지 그 견본을 일반 논리학이 이미 내게 제공하기 때문이다. 여기에서 단 하나의 과제가 제기되니, 만약 경험이 주는 모든 내용과 도움을 내게서 **빼낸다면**, 그때 나는 이성의 성과에 대해 얼마나 많은 것을 기대할 수 있는가이다.

그런 목적들을 **하나하나** 달성할 때의 **완전성**과 목적 **일체**를 달성할 때의 **철저함**이 우리에게 놓여 있지만, 이는 임의적으로 기획된 것이 아니라, 우리의 비판적인 탐구의 **내용**으로서, 지식 그 자체의 본성에 의해 우리에게 놓여 있다.

한편 이런 탐구의 **형식**에 관하여 핵심 요구로 간주돼야 할 두 가지 사항이 있으니, 이토록 넘어지기 쉬운 과업을 감행하는 저자를 정당화해 주기도 하는 그것은 바로, **확실성**과 **명확성**이다.

확실성에 관해서 말하자면, 나는 내 스스로에게 판결을 내리기를, 이런 종류의 연구에서는 **사견을 고집하는** 것은 결코 허락될 수 없노라고, 가설처럼 보이는 어떤 것도 밀매품이며, 가장 저렴한 가격으로도 팔아서는 안 되고, 발견되는 즉시 몰수돼야 한다고 결심했다. 왜냐하면 경험 무관하게 확실할 것으로 여겨지는 모든 지식은 절대적인 필연성을 요구한다고 선언하기 때문이다. 또한 이는 모든 순수한 경험 무관 인식을 정하는 참된 규정이며, 모든 자명한 (철학적인) 확실성의 기준이자, 그러므로 그 자체가 견본이기 때문이다. 이와 관련하여 내가 지금 약속한 것을 내가 과연 실행했는지 여부는 전적으로 독자의 판단에 달려 있다. 저자는 그저 근거들을 제시할 뿐이지, 독자의 판단에 미치는 근거들의 영향을 스스로 정하는 것은 적절하지 않기 때문이다. 그러나 저자 잘못이 아닌 어떤 것으로 말미암아 그 근거들이 약화되는 것을 방지하기 위해서라도, 저자가 스스로 어떤 구절― 그 구절이 단지 부수적인 목적에 기여할 뿐일지라도 어떤 불신을 야기할 우려가 있다면 ―을 강조하는 것은 충분히 허락될 것이다. 그런고로 저자는 독자의 사소한 염려가 있는 점에 관해, 그것이 이 작업의 주요 목적에 관한 독자의 판단에 영향을 미치지 않도록 적시에 예방할 수 있다.

우리가 지식이라 부르는 능력의 바닥까지 이르러, 그 지식을 사용할 때의 규칙과 한계를 정하는 규정을 얻기 위해서는, **순수 지식 개념의 연역**이라는 제목 하에서 초월적 분석의 두 번째 관에서 행했던 작업들보다 더 중요한 연구는 없다. 보상 없는 일이 되지 않기를 바라지만, 그것들은 내가 가장 큰 노력을 지불한 연구이기도 했다. 좀 더 깊이 가 보면, 이 탐구는 두 개의 측면이 있다. 한쪽은 순수 지식의 대상들에 관하여 경험 무관한 개념들의 객관적 타당성을 증명하고 파악하는 탐구였다. 그러므로 그것은 내 목적들에 핵심적으로 속한다. 다른 한쪽은 순수 지식 그 자체를 다루며, 순수 지식의 가능성과 순수 지식 그 자체가 기초하는 인식 능력들에 관한다. 그러므로 이는 주관적인 관계 안에서 순수 지식을 생각하는 것이며, 비록 이런 개요가 내 주된 목적에 관해 아무리 중요하다 해도, 핵심적으로 속하는 것은 아니다. 왜냐하면 주된 문제는 항상, "일체의 경험 없이 지식과 이성은 무엇을, 그리고 얼마나 많이, 인식하는가?" 이며, "**생각하는 능력** 그자체가 어떻게 가능한가?"가 아니기 때문이다. 후자의 질문은 주어진 결과에서 그것의 원인을 찾는 것과 같은 것이며, 그러므로 가설(내가 다른 곳에서 설명하는 바와 같이, 비록 이것이 사실이 아닐지라도)과 같은 것이다. 따라서 그런 질문은, 마치 내가 어떤 의견을 표현하는 자유가 있는 것처럼, 독자도 역시 다른 의견을 가질 자유가있는, 그런 것과 같다. 이 지점에서 나는 독자에게 앞으로 당부한다. 주관적인 연역이 내가 기대한 완전한 확신을 낳지 못하는 경우에서조차, 객관적인 연역은 그 온전한 힘을 지닐 것이다. 그것이 내가 특히 관심을 두는 것이며, 이는 아마도 쪽수로 말하자면 92~93쪽에서 내가 말한 것 자체로도 충분할 것이다.

마지막으로 **명확성**에 관해서, 독자들은, 먼저 **개념들을 통한 추론적인(논리적인) 명확성**을 요구할 수 있으며, 또한 **직관들**에 의한, 즉 구체적인 선례들과 다른 사례들을 통한 직관적인 (감수성으로서) 명확성을 또한 요구할 권리가 있다. 나는 전자에 관해서는 충분히 신경을 썼다. 그것이 내 작업에 본질적인 것이었다. 그러나 그것은 또한 두 번째 명확성에 대한 요구— 덜 엄격하기는 하지만 여전히 정당한 요구 —를 내가 충분히 다루지 못한 것의 부수적인 원인이기도 했다. 이 일을 애쓰면서 진전시키는 과정 내내, 나는 이 문제를 다루는 방법을 거의 결정하지 못했다. 선례와 사례가 언제나 필요한 것처럼 보였고, 그리하여 내 초고에 그런 것들이 적당하게 자리하고 있었던 게 사실이다. 하지만 내 작업의 분량과 내가 다뤄야만 하는 상당량의 연구 대상들을 보았을 때, 나는 건조하고 **스콜라적인** 방식으로 기술하는 것만으로도 충분히 방대한 작업이 되리라는 것을 알게 됐다. 그런 까닭에 **통속적인** 의도로만 필요할 뿐인 추가적인 선례와 사례로 이 책을 부풀리는 것은 현명하지 않은 일임을 깨달았다. 특히 이 작업은 통속적인 용도로는 적합하지 않을 것이기 때문이며, 이 학문의 참된 전문가들이 자신들을 위해 더 쉽게 쓰일 필요가 있다고 생각하지도 않을 것이기 때문이다. 설령 그런 것이 항상 좋을지라도, 여기에서는 역효과를 불러일으킬지도 모른다.

테라송 사제가 말하기를, 책의 두께가 쪽수에 의해 정해지는 게 아니라 그것을 이해하는 데 필요한 시간에 의해 정해지는 것이라면, 상당수의 책에 관해 **그 분량이 그렇게나 적게 되지 않았다면 오히려 훨씬 적게도 할 수도 있었을 텐데**라고 말할 수 있다는 것이다. 그러나 다른 한편, 넓은 범위에 걸쳐 있으면서도 원리로 연결되는 이론 지식 전체를 우리가 분명하게 이해하고자 한다면, 우리는 마찬가지로 정당하게 이렇게 말할 수 있을 것이다. **상당수의 책이 그 정도로 명확하게 하려고 하지 않았다면 오히려 훨씬 명확해질 수도 있었을 텐데.** 왜냐하면 명확성을 높이려다 **부분적으로는 도움이 되는데 전체적으로는**

혼란스러워지는 경우가 잦기 때문이며, 그것이 독자가 전체의 개요를 빠르게 살펴보는 데 이르지 못하도록 만들기 때문이다. 우리가 체계의 통합과 건강함을 판단할 수 있으려면, 그 구조나 맥락이 가장 중요함에도, 온통 밝은 색상으로 덧칠해 버리니 그것들을 알아볼 수 없게 된다.

앞에서 설명한 기획에 따라, 저자가 이 중대한 작업을 완벽하게 그리고 지속적으로 수행할 기회를 갖는다면, 독자는 저자의 그런 노력과 하나가 되리라 생각한다. 이제 형이상학은, 내가 여기서 제안할 형이상학의 개념들에 따라, 그런 완벽함을 기대할 수 있는 모든 학문들 중 유일한 학문이다. 적지만 합쳐진 노력으로, 정말이지 짧은 시간 내로 그것을 기대할 수 있을 것이다. 우리 후손들이 조금도 내용을 더함 없이, 그들 목적에 맞는 **교습** 방법에서 모든 것이 마련돼 있는, 그런 완벽함을 기대해도 좋다. 왜냐하면 형이상학의 그런 성과는 **순수 이성**을 통해 우리가 보유한 모든 재산을 질서 있게 체계화한 **목록**에 다름 아니기 때문이다. 여기 모든 것이 우리에게 있다. 이성이 전적으로 자기 자신으로부터 낳은 것은 감춰질 수 없기 때문이며, 우리가 이성의 공통 원리를 발견하자마자 이성 그 자신이 빛을 내기 때문이다. 이런 종류의 지식들은 순수 개념들에서 홀로 생겨난다. 그것들은 경험에서 얻어진 것에 의해 확장되거나 증가하는 그런 영향을 받지 않는다. 심지어 경험을 정하도록 인도하는 **특수한** 직관에 의해서도 영향받지 않는다. 이런 종류의 지식들의 완전한 통합은 위에서 언급한 무조건적인 완벽함을 가능하게도 하고 필연적이게도 한다. "네 집에 머물러라. 그러면 네 소유물이 얼마나 온전한지 알 것이다." -페르시우스

나는 그런 순수 (이론) 이성의 체계를 **자연 형이상학**이라는 제목으로 내놓기를 희망한다. 이 비판에 비하면 그 분량이 절반도 되지 않을지라도 그 체계는 내용적인 면에서 비교할 데 없이 풍요롭다. 그러나 먼저 이 비판이 그런 체계의 가능성의 원천과 조건을 확립해야 하며, 또한 온통 잡초가 무성한 땅을 깨끗이 하고 평탄화할 필요가 있다. 이 비판에서 내가 독자에게 기대하는 것은 **재판관**의 인내와 공평심이다. 그러나 그런 체계에서는 **조력자**의 호의와 지원이다. 자연 형이상학 체계를 위한 모든 **원리**가 비판에 완벽하게 제시되어 있지만, 그런 체계 자체의 철저함은 어떤 **파생적인** 개념도 놓치지 않도록 함을 요구하기 때문이며, 이런 것들은 단번에 경험 무관하게 평가할 수는 없고 점차 찾아내야 하는 것이기 때문이다. 마찬가지로 전자에서 개념들의 **종합** 전체가 철저하게 규명되는 것처럼, 이에 더해 요구되기를 후자에서는 동일한 것이 그것들의 **분석** 관점에서 일어나야 한다. 쉬운 일일 것이다. 노동이라기보다는 오락이기도 하다.

이 책의 인쇄에 대해 언급할 몇 가지가 있다. 인쇄 개시

가 다소 지체됐기 때문에, 나는 교정본의 절반만 볼 수 있었다. 의미를 혼란하게 하지는 않지만, 거기에서 약간의 인쇄 잘못을 발견했다. 379 쪽 밑에서 네 번째 행 '**회의적** skeptical'으로 씌어 있지만 '**특정한**specific'으로 읽혀야 한다. 425~461쪽의 순수 이성의 이율배반 부분은 표 배열 방식으로 되어 있어서, **정립**에 속하는 모든 것은 항상 왼쪽에 있고, **반정립**에 속하는 것은 모두 오른쪽으로 이어진다. 이는 정립과 반정립을 각각 쉽게 비교할 수 있도록 하기 위함이었다. (1781년 3월)

논리학에서 번역 문제

논리학에서 번역 문제

동양 사상에는 없었고, 서양 사상에는 있었던 철학 분야가 논리학이다. 파르메니데스의 시편에서 언급된 것처럼, 〈있음은 있음이다〉라는 동일률에서 논리학은 시작한다. 그러나 노자의 〈도덕경〉의 첫 구절은 도를 도라고 하면 항상 도가 될 수 없다고 선언하면서 동일률을 부정한다. 서양은 형식적인 명료함에서 사상을 전개하고, 동양은 내용적인 심오함에서 지혜를 가르친다. 흥미로운 차이다. 물론 동양 사상에 논리학이 없었다고 해서, 동양 사상에 논리가 없었다는 것은 아니다. 동양은 동양 나름의 논리가 있었을 것이다.

논리학은 사람들의 생각이 어떻게 언어로 표현되는지, 그형식을 탐구하는 학문이다. 생각은 하나의 사건이다. 이것은 생각의 대상을 마주보면서, 그 대상을 판단하는 사건이다. 그러므로 논리학에서 생각이란 판단이다. 판단이란 무엇일까? 철학자들은 판단이란 주어와 술어의 연결이라고 보았다. 그리하여 모든 판단은 문장이다. 그것을 철학자들은 명제라 칭했다. 명제에서 주어와 술어는 단어로 이루어지고, 그 단어를 일컬어 개념이라고 했다. 술어를 주어에 연결할 때, 어떤 술어냐에 따라 주어의 성격이 바뀐다. 술어가 주도하는 이런 논리(술어논리) 세계에서, 술어가 아무렇게나 무질서하게 주어에 연결되는 것은 아니다. 어떤 규칙이 발견되었다. 그리고 그 규칙을 탐구하는 철학이 논리학이다.

생각이라는 사건에서 우리는 여러 가지 동의어를 얻을 수 있다. 생각이란 판단이며 앎이며 인식이다. 또한 표현의 관점에서 생각이란 명제이며 문장이다. 그런데 명제는 주어와 술어의 연결 규칙이다. 사고력은 판단력이며 인식능력이며 규칙능력이자 그 규칙을 만들어 내는 개념의 어휘력이다. 결국 생각이란 문장을 분석하는 사건이 되는 것이다. 만약 인간이 사용하는 문장을 일련의 형식으로 질서있게 분류한다면, 그것은 실로 생각의 형식을 질서있게 분류하는 것과 동일한 의미가 되고, 논리학은 그런 지식 체계를 탐구하는 철학이라고 말할 수도 있다. 즉, 인간의 생각을 좀 더 쉽고 명쾌하게 탐구하려는 학문이기 때문에, 논리학에서 사용되는 단어는 일단 **쉬워야** 한다. **명쾌**해야 한다. **단순**해야 한다. 그러나 안타깝게도 현실은 그렇지 않다. 기이하게도 학자들은 쉬운 단어와 어려운 단어가 있다면 반드시 어려운 단어를 선택한다. 대중들의 이해력은 그들의 관심사가 아니다. 그저 백여 년 전 일본 학자의 권위를 답습한다. 철학자란 기존 권위에 억눌리지 않고, 오류를 바로잡고, 오류와 무지에 저항하면서 비판적인 생각을 표현하는 사람이라고 나는 기대했다. 하지만 잘못된 인습에 관한 철학적 봉기는 없다. 이 나라에서 철학은 침묵이 전통이다. 오류도 잘못도 부족함도 모두 이 오래된 침묵의 등기부 등본에 정당하게 기록되었으니, 당신에게 그저 필요한 것은 비판이 아니라 암기이다.

그럼에도 불구하고 생각은 앎이며, 앎은 판단이며, 판단은 명제이고, 명제는 문장이다. 이 세상에는 무수히 많은 생각이 있다. 그 생각은 결국 문장으로 표현될 것이다. 칸트는 〈순수이성비판〉에서 12개 유형의 판단 형식 을 제시했다. 인간의 생각과 앎은 모두 이런 형식 중 어느 하나로 표현된다는 것이었다. 칸트의 독창적인 주장은 아니었다. 아리스토텔레스 이후 오랫동안 전승된 논리학의 지식을 칸트 관점으로 정리한 것이다. 칸트가 정리한 이 12개의 일반논리학의 판단 유형의 영어 번역은 다음과 같다.

Quantity	Quality	Relation	Modality
Universal	Affirmative	Categorical	Problematic
Particular	Negative	Hypothetical	Assertoric
Singular	Infinite	Disjunctive	Apodeictic

일본 학자들은 19세기에 이것들을 한자어로 번역했다(물론 이것이 일본어 번역의 전부는 아니다).

量	質	関係	様相
全稱判斷	肯定判斷	定言判斷	蓋然判斷
特稱判斷	否定判斷	仮言判斷	実然判斷
單稱判斷	無限判斷	選言判斷	必然判斷

일본어를 아는 독자들은 음독하는 데 어려움이 없을 것이다. 그런데 일본어를 몰라도 좋고, 한자를 읽지 못해도 괜찮다. 친절하게도, 한국의 철학자들이 아래와 같이 대신 읽어 주기 때문이다. 최재희는, 다음과 같이, 일본 번역을 그대로 우리말로 표기했다. 학자들의 무임승차 결과, 일본어가 우리나라 논리학의 표준 용어가 되었다.

분량	성질	관계	양상
전칭 판단	긍정 판단	정언 판단	개연 판단
특칭 판단	부정 판단	가언 판단	실연 판단
단칭 판단	무한 판단	선언 판단	필연 판단

나는 단지 이런 용어 자체가 잘못됐다고만 주장하는 게 아니다. 어째서 알아듣기 쉬운 우리말을 찾아보려고 하지 않는가? 어째서 일본 학자의 언어를 무임승차하려고만 하는가? 학자들의 철학 용어는 백 년 전 우리말이 아니라 백 년 전 일본말이다. 평범한 한국인이 백 년 전 일본말을 이해할 리 만무하다. 이것들을 평범한 우리말로 바꾸면 다음과 같다.

양	성질	관계	양상
보편 판단	긍정 판단	무조건 판단	미정 판단
개별 판단	부정 판단	조건 판단	확정 판단
단일 판단	긍정 부정 판단	선택 판단	필연 판단

죽은 단어로 철학하는 것은 가능하지 않다. 유일하게 가능한 것은 철학을 암기 과목으로 여겨서 외우는 것이다. 기술 용어 암기하듯이 암기해야 한다. 그런데 기술 용어는 현장에서 실제 그 기술을 적용하면서 숙련된 경험과 직관을 통해 그 언어가 자연스럽게 머릿속에 새겨진다. 게다가 기술은 실용성과 이익을 준다. 철학은 직관의 도움을 받지 못하기 때문에, 설령 용어(사실상 일본어)를 암기해도 금방 머릿속에서 증발된다. 철학이 지혜를 준다

고? 실제로는 암기 과제를 준다.

일본어의 늪에서 고생하는 한국어를 보라. 이제부터 '전칭 판단'을 포함하여 12개의 판단을 살펴본다.

보편이냐 전칭이냐

Universal

Universal judgment는 판단표에서 양의 판단에 속한다. 예를 들어 명제에서 〈모든 독일인은 정직하다〉, 〈모든 책은 보물이다〉, 〈모든 유튜버는 천재다〉와 같은 문장 형식으로 이루어지는 판단을 일컬어 universal judgment라고 한다. 주어에 '모든'이라는 수식이 붙었다.

일본 학자가 全称으로 번역했다. 우리나라 학자가 그 한자를 '전칭'으로 받아적었다. 평범한 한국인이 알 수 있는 단어가 아니다(x>3). 논리학을 공부한 사람만이 이 단어를 사용할 수 있는 특권을 획득하지만, 그런 특권이 필요한 없는 게 논리학의 특징임을 지적해 둔다. Universal judgment의 의미와 전칭 판단의 의미가 동일성 범위 안에 있다고 인정하더라도, 이 단어로 소통은 불가능하다(y>3). 왜냐하면 소통에 참여한 화자들이 대등하지 않기 때문이며, 한쪽은 암기에 성공한 사람들이 아는 척하고,

다른 한쪽은 암기 대상으로 전락하기 때문이다. 그러므로 universal의 번역어로서 '전칭'의 단어 위상은 다음과 같다.

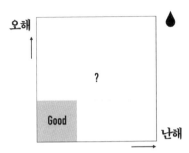

우리는 쉽고 흔한 단어를 선택할 수 있다. '보편'이다. 보편은 모든 경우에 적용되는 판단을 의미한다는 점을 명확하게 전달한다. 예문이 하나 이상은 제시되어야 하는 단점이 있기는 해도 중학생 수준의 어휘이다(x=1). 원어와 번역어가 의미적으로 일치한다(y=0). 소통에 아무런 문제가 없다. 그러므로 universal의 번역어로서 '보편'의 단어 위상은 다음과 같이 단어 토폴로지 평면에 나타낼 수있다.

단어 위상이 이러하다면, universal judgment를 '보편 판단'으로 번역하는 것이 바람직한지, 아니면 여전히 '전칭 판단'이어야 하는지, 그 판단은 어렵지 않을 것이다.

개별이냐 특칭이냐

Particular

Particular judgment는 판단표에서 양의 판단에 속한다. 예를 들어 명제에서 〈어떤 독일인은 정직하다〉, 〈어떤 책은 보물이다〉, 〈어떤 유튜버는 천재다〉와 같은 문장 형식으로 이루어지는 판단을 일컬어 particular judgment라고 한다. 주어에 '어떤'이라는 수식이 붙었다.

일본 학자가 特稱으로 번역했다. 우리나라 학자가 그 한자를 보며 과연 그러하다면서 수용했다. '특칭'은 전칭과 마찬가지로 평범한 한국인이 알 수 있는 단어가 아니다. 나는 지금껏 일상 생활에서 이 단어를 들은 적이 없다 (x)3). 논리학을 공부한 사람만 아는 척할 수 있을 뿐이다. Particular judgment의 의미와 특칭 판단의 의미가 동일성 범위 안에 있다고 인정하더라도, 이 단어로 소통은 불가능하다(y)3). 그러므로 particular의 번역어로서 '특칭'의 단어 위상은 다음과 같다.

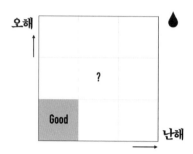

Particular judgment는 개별적인 사건에 관한 판단이다. 그러므로 '개별'이라는 단어를 쓰면 된다. 그러면 그 의미가 명확해진다. 예문이 하나는 필요하더라도 중학생 수준의 어휘이다(x=1). 원어와 번역어의 의미가 동일하며, 소통이 순조롭다(y=0). 그러므로 particular의 번역어로서 '개별'의 단어 위상을 다음과 같이 단어 토폴로지 평면에 표현할 수 있다.

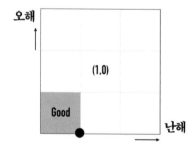

우리 한국인은 '특칭 판단'이라는 단어를 모르고, 모르는 단어로 적혀 있는 논리학을 접하면 당연히 어렵다. 그러나 우리는 '개별 판단'이라는 표현을 쓸 수 있고, 그러면 논리학이 그만큼 친숙해진다.

단일이냐 단칭이냐

Singular

Singular judgment는 판단표에서 마지막으로 양의 판단에 속한다. 예를 들어 명제에서 〈칸트는 독일인이다〉, 〈이 책은 보물이다〉, 〈유튜버 홍길동은 천재다〉와 같은 문장 형식으로 이루어지는 판단을 일컬어 singular judgment라고 한다. 하나의 주어만이 등장한다.

일본 학자가 単称으로 번역했다. 우리가 그것을 그대로 수용했다. 전칭이나 특칭과 마찬가지로 평범한 한국인이 알 수 있는 단어가 아니다). 논리학을 공부한 사람만이 아는 척할 수 있을 뿐이다(x〉3). Singular judgment의 의미와 단칭 판단의 의미가 동일성 범위 안에 있다고 인정하더라도, 이 단어로 소통은 불가능하다(y〉3). 단어 위상이 이렇게 나빠진 까닭은 '칭'이라는 한자어 때문이다. 그러므로 singular의 번역어로서 '단칭'의 단어 위상은 다음과 같다.

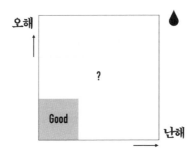

Singular judgment는 하나의 사건에서 고유하게 정해진 그 하나의 주어를 판단하는 것이다. 우리에게는 '단 하나로 되어 있다'는 뜻의 '단일'이라는 평범한 단어가 있다. 그 의미가 명확하다. 중학생 수준이라면 알 수 있는 단어이다(x=1). Singular와 단일은 그 의미상 일치한다(y=0). '단칭 판단'을 '단일 판단'이라고 칭하더라도 소통에 큰 문제는 없다.

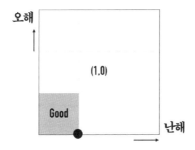

긍정 판단과 부정 판단

Affirmative | Negative

일본 사람이 발명한 단어라고 해서 무조건 배척되어야 하는 것은 '전혀' 아니다. 처음에는 일본어였으나 시간이 지남에 따라 한국인에게 수용되어 자연스럽게 한국어가 된 단어들이 있다. 단어의 혈통이 어찌되었든 한국 사람들이 일상 생활에서 평범하게 사용한다면 그 단어는 우리의 소중한 한국어이다. 옛 일본 학자가 affirmative는 '긍정', negative는 '부정'으로 번역하였다. 판단표에서 질에 속하는 것으로 각각 '긍정 판단', '부정 판단'을 나타내며, 예컨대 전자는 〈독일인은 정직하다〉, 〈책은 보물이다〉, 〈유튜브는 유익하다〉와 같은 유형의 문장을, 후자는 〈독일인은 정직하지 않다〉, 〈책은 보물이 아니다〉, 〈유튜브는 유익하지 않다〉와 같은 유형의 문장을 일컫는다. '긍정'과 '부정'은 그 의미가 자명하다. 그 단어의 뜻을 모르는 사람이 없다(x=0). 번역어가 원문의 언어와 같은 의미를 지니며. 명쾌한 소통이 가능하다(y=0). 그러므로 각각의 단어 위상은 다음과 같이 이상적이다.

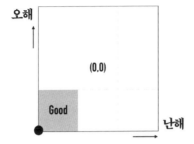

긍정부정인가 무한인가

Infinite

보통 infinite는 '무한'으로 번역한다. 이런 번역에 잘못은 없어 보인다. 그런데 infinite judgment를 '무한 판단'으로 번역하고 보면, 그 의미를 모르겠다.

'무한'이라는 단어는 자명한 것처럼 보인다. 그러나 이 단어는 논리학에서 단어 자체의 의미로 사용되지 않고, 논리적 문맥을 전제로 사용된다는 점을 간과해서는 안 된다. 문장으로 표현되는 판단에서 논리적 기능으로서의 무한은 그 의미가 전해지지 않는다(x〉3). 논리학을 조금 공부하는 것만으로 난해함이 사라지지 않는다. 서양 논리학에서 의미하는 infinite와 무한 사이의 의미적 동일성도 검증하기 어렵다. 특별한 예문을 제시하면서 설명해 주지 않는 한 소통은 가능하지 않을 것이다(y=3). 설령 철학 교사가 잘 안내하여 판단표에서 infinite는 질의 유형에 속하며, 긍정문이되 술어에 부정적인 의미가 있다고 가르쳐

주더라도, '어째서 그게 무한인가?'라는 의문은 지워지지 않을 것이며, 머릿속에서 지식으로 자리잡기보다는 결국 증발되고 말 것이다. 그러므로 infinite의 번역어로서 '무한'의 단어 위상은 다음과 같다.

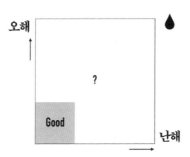

나는 논리학에서 infinite judgment가 어째서 '무한 판단'이 되는 것인지 그 원리를 이해하는 데 너무 많은 시간을 낭비했다. 칸트의 〈순수이성비판〉의 판단표 부분을 여러 번 읽고 나서야 겨우 이해할 수 있었다. 문장의 형식은 긍정문인데, 내용은 부정적인 의미를 포함하는 문장을 infinite judgment라고 한다. 보통의 긍정문에서 주어는 술어가 규정하는 한정된 영역에 존재한다. 예컨대 〈프로이센군은 독일에 속한 나라의 군대이다〉라고 할 때, 주어 '프로이센군'은 술어 '독일에 속한 나라의 군대'라는 분명하게 한정된 영역 안에 존재한다. 그런데 마찬가지의 긍정문인, 〈프로이센군은 불패이다〉에서 주어 '프로이센군'이 존재하는 술어의 영역은 보통의 긍정문과 달리 정해져 있지 않다. 그저 '불패'이기만 하다면야 'OK'이기 때문에 그 영역은 무한히 열려 있다는 것이다. 그래서 infinite이다. 〈영혼은 불멸이다〉라는 판단에서, 주어인 영혼은 불멸이기만 하다면야 어느 곳이든 좋은, 저 무한한 술어의 영역에 존재하게 되는 것이다. 그러나 이러한 문맥은 '무한'이라는 단어만으로는 한국인에게 전해질 수 없다. 철학 교사의 특별한 설명이 없으면 해석조차 불가능하다.

우리 한국어는 로마자 알파벳을 사용하지 않는다. 라틴어에서 독일어 혹은 영어로 번역될 때, 혹은 독일어에서 영어로 번역될 때 로마자 알파벳의 족쇄에 묶인다. 로마자 알파벳을 한국어로 번역할 때 그런 족쇄가 없으니, 한국어 번역은 특별한 언어적 자유가 주어진다. Infinite를 일본 학자가 한 것처럼, 무한으로 번역할 게 아니라, 긍정문이되 술어에 부정 의미가 포함되어 있음을 직접적으로 나타내는 표현인 '긍정부정'으로 생각해 볼 수 있다. 앞에서 살펴본 것처럼, 긍정과 부정의 단어 위상은 아주 이상적이었다. 그것을 연결한 다음, 주석을 붙여 주면 그 의미가 명확하게 전달된다. 즉, 긍정부정은 그 자체로 의미가 다소 모호하지만 약간의 설명만으로 자명하게 이해된다($x=1$).

단어 자체의 난이도는 쉽다. Infinite와 긍정부정은 판단표의 맥락에서 의미가 동일하다. 물론 오해를 피하기 위한 예문은 필요할 것이다(y=1). 그렇다면 infinite의 번역어로서 '긍정부정'의 단어 위상은 다음과 같이 단어 토폴로지 평면에 나타낼 수 있을 것이다.

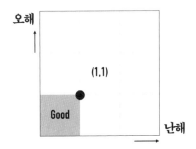

단어 위상의 값을 비교하건대, infinite의 번역어로서 '무한'보다는 '긍정부정'이 훨씬 우월하다. '긍정문이지만 술어에 부정적인 의미가 있는 문장'이라는 주석을 달어주기만 해도 한국인 독자에게 아주 자명하게 이해될 수 있기 때문이다.

무조건인가 정언인가

Categorical

Categorical judgment는 판단표에서 관계의 판단에 속한다. 예를 들어 명제에서 〈모든 독일인은 정직하다〉, 〈성서는 기독교의 경전이다〉, 〈지구는 돈다〉, 〈너와 나는 적이다〉와 같은 문장 형식으로 이루어지는 판단을 일컬어 categorical judgment라고 한다. 주어와 술어 사이에 어떤 조건이나 가정이 붙어 있지 않아서, 주어와 술어의 관계가 아무런 조건 없이 연결된 문장을 뜻한다. 일단 참과 거짓은 따지지 않는다.

일본 학자가 이것을 定言으로 번역했다. 그 후 우리나라에서 categorical은 '정언'이 되었다. 평범한 한국인이 알 수 있는 단어가 아니어서 그 의미는 불명확하다. 다만 칸트의 도덕철학을 설명하는 출판물과 교과 과정을 통해 익숙한 단어가 되기는 했다(x=3). Categorical judgment의 의미와 정언 판단의 의미가 동일성 범위 안에 있다고

인정하더라도, 이 단어로 소통하는 것은 어려운 일이다
(y=3). 그러므로 categorical의 번역어로서 '정언'의 단어
위상은 다음과 같이 표현할 수 있을 것이다.

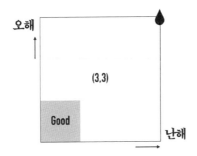

어떤 조건도 붙지 않는 문장, 그것이 바로 categorical
judgment이다. 그러므로 '무조건'으로 번역하면 그만이
다. 그 의미가 자명하다. 이 단어를 모르는 한국인이 없다
(x=0). 논리적 기능으로서 categorical과 무조건은 그 의미
가 동일성 범위 안에 있다(y=0). 소통하는 데 어떤 문제도
없다(0점). 그러므로 categorical의 번역어로서 '무조건'의
단어 위상은 다음과 같다.

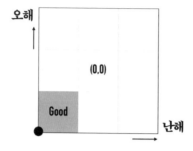

단어 위상이 위와 같다면, '정언'이라는 국적 없는 표현을 버리고, 한국인의 단어인 '무조건'이라는 단어를 사용하는 것이 바람직하다. 그런데 실상 '정언판단'이라는 용어는 논리학자들의 대화가 아니라면 거의 사용되지 않는다. 문제는 다른 곳에서 발생한다. 윤리학에서 **정언명령** Categorical Imperative이라는 유명한 용어가 있다. 도덕철학을 공부하는 사람이라면 반드시 알아야 하는 것으로, 〈네 좌우명이 동시에 보편적인 법칙이 되는 그런 좌우명에 따라 항상 행동하라〉, 〈언제나 인간을 목적으로 대우하라〉와 같은 형식의 **명령문**을 일컬어 '정언명령'이라고 한다. 중력의 법칙처럼 법은 조건을 따지지 않고 적용된다. 도덕법칙이라면, 법칙이라는 것이니까, 마찬가지로 무조건적으로 적용돼야 한다. 따라서 도덕법칙은 무조건 명령문으로 표현되는 것이다. 하지만 우리 한국인은 무조건 명령이라는 쉽고 명료한 표현을 쓰지 못한다. 일본인이 이 땅에 사는 사람들에게 가르친 '정언명령'이라는 단어를 써야 한다. 워낙 깊고 넓게 새겨져 있기 때문에, 지금 세대에서는 교정할 수도 없다.

조건인가 가언인가

Hypothetical

Hypothetical jdudgment는 판단표에서 관계의 판단에 속한다. 예를 들어 명제에서 〈그가, 독일인이라면, 정직할 것이다〉, 〈그녀가 기독교도라면 성서를 읽을 것이다〉, 〈내가 대신 돈다면, 지구는 멈춘다〉, 〈이 제안을 받아들이지 않으면, 너와 나는 적이다〉와 같은 문장 형식으로 이루어지는 판단을 일컬어 hypothetical judgment라고 한다. 주어와 술어 사이에 어떤 조건이나 가정이 붙어 있다. 주어와 술어의 관계가 어떤 조건을 매개로 연결된 문장을 뜻한다. 일단 참과 거짓은 따지지 않는다.

옛날 일본 학자가 이것을 仮言으로 번역하고, 우리가 그걸 모방하여 가언으로 표현한다. 평범한 한국인이 알 수 있는 단어가 아니어서 그 의미는 불명확하다(x)3). 논리학을 공부한 사람만이 아는 척하는 단어가 된다. Hypothetical judgment의 의미와 가언 판단의 의미가 동

일성 범위 안에 있는지도 의심스럽고, 자연스러운 소통에
도 이롭지 않다(y=2). 그러므로 hypothetical의 번역어로
서 '가언'의 단어 위상은 다음과 같다.

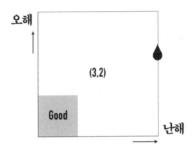

이것은 간단하게 '조건'으로 번역하면 그만이다. 조건이
라는 의미는 명확하다. 이 단어를 모르는 한국인이 없다
(x=0). 논리적 기능으로서 hypothetical과 조건은 그 의미
가 다르게 해석될 가능성이 없다(y=0). 소통하는 데 어떤
문제도 없다. 그러므로 hypothetical의 번역어로서 '조건'
의 단어 위상은 다음과 같이 단어 토폴로지 평면에 나타
낼 수 있다.

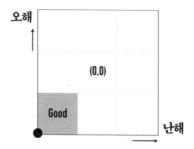

단어 위상이 위와 같다면, '가언'이라는 국적 없는 표현을 버리고, 평범한 한국인의 단어인 '조건'이라는 단어를 사용하는 것이 바람직하다.

선택인가 선언인가

Disjunctive

Disjunctive judgment는 판단표에서 세 번째로 관계의 판단에 속한다. 예를 들어 명제에서 〈독일인은 미남이거나 바보이다〉, 〈이 나라 사람들은 기독교도이거나 불교도이다〉, 〈유튜버들은 천재이거나 바보이다〉와 같은 문장 형식으로 이루어지는 판단을 일컬어 disjunctive judgment 라고 한다. 사실상 2개의 판단이 접속사 or로 연결된 명제라는 특징이 있다.

옛 일본 학자가 한자를 조합하여 選言으로 번역한 이후로, 우리나라 철학자들도 '선언'이라고 명명한다. 민주화 선언, 창립 선언, 개회 선언 등의 선언宣言이 아니다. Disjunctive을 선언으로 번역하는 것은 지금에 이르러서는 지식인의 말장난에 불과하다. 길을 지나가는 행인을 붙잡고 물어 보라. '선언'이라는 단어에 'or'라는 의미로 답하는 한국인은 없다. 평범한 한국인이 알 수 있는 단어가 아니어서 그 의미가 전해지지 않는다(x>3). 논리학을 공부한 전문가만이 이 단어를 알 수 있다. Disjunctive judgment의 의미와 선언 판단의 의미가 동일성 범위 안에 있다고 인정하더라도, 예문을 제시하지 않는 한, 이 단어로는 소통이 어렵다(y=3). 그러므로 disjunctive의 번역어로서 '선언'의 단어 위상은 다음과 같다.

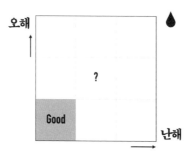

알파벳 or는 상식적으로 '선택'이다. 따라서 disjunctive judgment는 '선택 판단'이 되는 것이다. '선택'이라는 단어는 그 의미가 자명하고, 한국인이라면 누구나 아는 단어이다(x=0). Disjunctive와 의미적으로 동일하며, '선언'에 비해 의사소통에 매우 유리하고, 헷갈리지도 않는다(y=0). 그러므로 disjunctive의 번역어로서 '선택'의 단어 위상은 다음과 같이 단어 토폴로지 평면에 표현할 수 있다.

언어의 차이를 제쳐 두고서, disjunctive와 선택, 이 두 단어의 난이도를 비교해 본다면, 즉, 영어를 사용하는 사람이 disjunctive를 이해하는 수준과 한국인이 선택이라는 단어를 이해하는 정도를 비교한다면, 한국어 난이도 위상이 훨씬 낮을 것 같다. 옛 서양의 논리학자가 selective, optional, choice같은 단어가 아닌 disjunctive를 논리학 용어로 사용했으므로, 현대 서양인들은 어쩔 수 없이 disjunctive라는 용어를 사용할 수밖에 없다. 하지만 그런 사정에 한국인까지 속박될 필요는 없다. 이것이 번역의 특권이니, 우리가 일을 잘한다면, 번역이 항상 불리하지만은 않다.

미정인가 개연인가

Problematic

Problematic judgment는 판단표에서 양상의 판단에 속한다. 예를 들어 명제에서 〈독일인은 정직할 것이다〉, 〈이 책은 재미있을 것이다〉, 〈유튜브를 통해 지식을 얻을 수 있을 것이다〉와 같이 가능성을 나타내는 형식의 문장을 일컬어 problematic judgment라고 한다. 문장에서 어떤 판단이 내려졌지만, 이 판단에 들어있는 사실은 아직 정해지지 않았다.

옛 일본 학자가 한자를 조합하여 蓋然으로 번역한 이후로, 우리나라 철학자들도 '개연'이라고 명명했다. 앞서 살펴본 것처럼 최재희는 '개연'으로 번역한다. 그러나 백종현은 '미정'으로 번역했다. 그 우열을 가늠하기 다소 어렵다. 먼저 '개연'을 살펴보자. 우리는 일상 생활에서 개연성이라는 단어를 사용하며, 그럴 듯한 가능성을 뜻한다는 점에서 그 의미를 헤아리기 어렵지 않다(x=1). 출발 언어의 의미와 도착 언어 의미 사이에 동일성은 있을 것이다. 개연 판단이라고 하면 형식적으로는 불가능성이 포함되지 않는다는 점에서 약점이 있으나 소통에 큰 어려움은 없을 것이다(y=1). 그러므로 problematic의 번역어로서 '개연'의 단어 위상은 다음과 같이 단어 토폴로지 평면에 나타낼 수 있다.

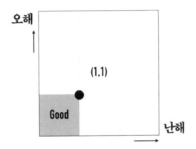

이제 미정을 살펴보자. 〈그녀와의 결혼 여부는 아직 미정이다〉, 〈아직 미정이어서 변경될 수 있다〉, 〈대학은 미정이지만, 학과는 정했다〉 등과 같이 우리는 일상 생활에서 이 단어를 사용하는 데 어려움이 없다(x=1). Problematic judgment과 미정 판단 사이의 의미는 서로 동일한 범위로 보인다. 문맥을 약간 고려해야 하는 단어이기는 해도, 소통에는 특별히 어려움이 없다(y=1). 그러므로 problematic 의 번역어로서 '미정'의 단어 위상은 다음과

같이 단어 토폴로지 평면에 나타낼 수 있다.

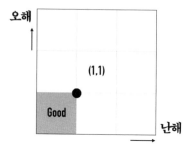

이처럼 problematic의 번역어로서 '개연'과 '미정'의 단어 위상이 동일한 것처럼 보인다. 그렇지만 나는 '개연'을 버리고 '미정'을 택한다. 왜냐하면 판단표에서 양상에 속하는 판단 형식은 problematic, assertoric, apodeictic, 이렇게 세 가지로 분류되는데, 이들 세 가지 판단 형식이 어째서 양상에 함께 속했는지를 고려해야 하기 때문이다. Problematic은 아직 정해지지는 않은 사실에 대한 참을, assertoric은 사실로 정해진 참을, apodeictic은 필연적으로 정해져야 하고 이미 정해져 있는 참을 나타내는 판단이다. 다음 이어지는 assertoric은 '확정'으로 번역된다. 그렇다면 problematic은 '미정'으로 번역되는 것이 바람직하다 하겠다.

확정인가 실연인가

Assertoric

Assertoric judgment는 판단표에서 양상에 속하는 두 번째 판단이다. '미정 판단'과 달리 assertoric은 사실로 정해진 판단을 나타낸다. 객관적이어야 하며, 사실이어야 한다. 예를 들어 〈칸트는 독일인이다〉, 〈이 책은 이소노미아 출판사에서 발행되었다〉, 〈코디정은 유튜브 채널을 운영한다〉와 같은 문장을 일컬어 assertoric judgment라고 한다.

옛 일본 학자가 assertoric을 實然으로 번역했다. 최재희는 그것을 모범 삼아 '실연'으로 번역했다. 백종현은 '확정'으로 번역했다. 즉 assertoric judgment에 대해 최재희는 '실연 판단'이라는 것이고, 백종현은 '확정 판단'이라는 것이다. 실연은 우리말이 아니므로 그 의미를 알 수 없다. 논리학에서 판단의 유형은 쉽고 명쾌한 단어로 표현되어야 하는데, '실연'은 다른 그런 성격의 단어가 아니다(x>3). '개연'과 쌍을 이루기 위해 만들어진 단어임은 알겠지만, 그것이 assertoric과 같은 의미인지도 모르겠다. 소통에 전혀 도움되지 않는다(y=3). 지나가는 사람에게 물어 보라. '실연 판단'이라고 하면 '연애 실패에 관한 판단인가?'라는 되물음을 받을 것이다. 그러므로 assertoric의 번역어로서 '실연'은 다음과 같은 단어 위상으로 표현될 것이다.

반면 '확정'은 그 의미가 명백하다. 한국인이라면 확실히 정해졌다는 그 의미를 아는 데 어려움이 없다. 다만 '확정'은 무엇이 확정되었는지, 어떻게 확정되었는지 등의 내용적 의미가 약하게 담겨있는 정도의 모호함은 있다(x=1). Assertoric과 동일한 범위의 의미를 갖는다. 어떤 오해도 생기지 않는다(y=0). 그러므로 assertoric의 번역어로서 '확정'의 단어 위상은 다음과 같이 표현할 수 있다.

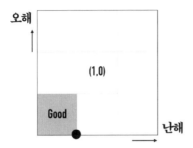

그러므로 '실연'을 버리고 '확정'만 남겨 둔다.

필연인가 명증인가

Apodeictic

Apodeictic은 판단표에서 양상에 속하는 마지막 판단이다. '확정 판단'은 사실이 그러하다는 판단이지만, apodeictic은 사실이 그러할 뿐더러 필연적으로 그러해야 한다는 강한 의미를 갖는다. 예를 들어 〈5+7=12〉, 〈삼각형은 세 변을 갖는다〉, 〈물체는 크기를 갖는다〉, 〈모든 변화에는 원인이 있다〉와 같은 문장이며, 수학, 자연과학에서 다루는 공리나 법칙처럼 필연적인 진술로 이루어진다.

옛 일본 학자가 必然으로 번역했다. 이 번역은 정당하다고 생각한다. 달리 번역할 단어를 찾기 어렵다. 필연은 그 의미가 자명하다. 그 뜻을 모르는 사람이 없는 쉬운 단어이다(x=0). Apodeictic과 같은 의미의 단어이다(y=0). 그러므로 apodeictic의 우리말 번역어로서 '필연'은 다음과 같이 단어 토폴로지 평면에 나타낼 수 있다.

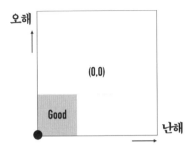

백종현은 '명증明證'으로 번역한다. 명백한 증거라는 뜻
이지만, '확정'과 '명증'의 의미적 위상이 쉽게 구별되지
않는다. '명증'이라는 단어의 의미가 모호하고, 난이도
가 있는 단어이며(x=2), 양상에 속하는 판단 유형으로서
apodeictic의 의미와 명증의 사전적 의미가 동일성 범위
안에 있다고 보기 어렵고, 평범한 소통에도 이롭지 않다
(y=2).

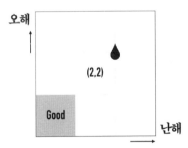

아마도 apodeictic을 필연이라고 번역하면 한국인들은 necessity를 떠올리게 될 것이니, apodeictic과 necessity를 기호적으로 구별하기 위해서라도 '필연'보다는 '명증'이 낫다고 판단했을 것 같다. 학문의 엄밀함으로 치장되는 학자들의 이런 오류를 방지하기 위해서라도 단어의 위상 분석이 필요했던 것이다. '필연'과 '명증' 중에서 어떤 단어가 한국인에게 유리하고 더 좋은 번역인지는 단어의 위상 값을 통해 밝혀졌다. 또한 주어와 술어를 연결하는 동사를 살펴보면, 명증이라는 단어 사용이 타당하지 않음이 금세 밝혀진다. Problematic은 can 혹은 may를 사용해서 주어와 술어를 연결하고, assertoric은 is를 사용하는 반면, apodeictic은 must 혹은 should를 사용해서 주어와 술어를 연결하거나 그런 동사가 의미적으로 들어 있어야 한다. '해야만 한다'는 '명증'이 아니라 '필연'에 어울리는 표현이다. 더욱이 사람들이 일상 생활에서 거의 사용하지 않는 단어인 '명증'보다는 익숙한 단어인 '필연'이 훨씬 좋은 번역어이다. Apodeictic judgment는 수많은 인간 생각의 12개 유형 중 하나이고, 그만큼 흔히 발견되는 형식이라는 점을 감안해서도 그러하다.

우리에게 필요한 것은 철학 교사가 아니라

평범한 우리말입니다